Gottfried Niedhart
Entspannung in Europa

Zeitgeschichte im Gespräch Band 19

Herausgegeben vom
Institut für Zeitgeschichte

Redaktion:
Bernhard Gotto, Andrea Löw
und Thomas Schlemmer

Entspannung in Europa

Die Bundesrepublik Deutschland und
der Warschauer Pakt 1966 bis 1975

von
Gottfried Niedhart

Oldenbourg Verlag München 2014

Bibliografische Information der Deutschen Nationalbibliothek
Die Deutsche Nationalbibliothek verzeichnet diese Publikation in der Deutschen
Nationalbibliografie; detaillierte bibliografische Daten sind im Internet über
http://dnb.dnb.de abrufbar.

Library of Congress Cataloging-in-Publication Data
A CIP catalog record for this book has been applied for at the Library of Congress.

© 2014 Oldenbourg Wissenschaftsverlag GmbH
Rosenheimer Straße 143, 81671 München, Deutschland
www.degruyter.com/oldenbourg
Ein Unternehmen von De Gruyter

Titelbild: Leonid Breschnew, Willy Brandt und Egon Bahr auf dem Schwarzen Meer
(1971); ddpimages/AP/Fritz Reiss

Einbandgestaltung: hauser lacour

Gedruckt in Deutschland

Dieses Papier ist alterungsbeständig nach DIN/ISO 9706.

ISBN   978-3-486-72476-9
eISBN 978-3-486-85636-1
ISSN   2190-2054

Inhalt

1. Einleitung

Mitte der 1960er Jahre trat die Nachkriegsgeschichte und mit ihr der Ost-West-Konflikt in eine neue Phase ein. Nach den Jahren des Kalten Kriegs mit seiner Konfrontation der Blöcke rührten sich auf beiden Seiten der Front Kräfte, die aus verschiedenen Gründen nach neuen Formen in den Beziehungen zwischen Ost und West riefen. An die Stelle alter Spannungen und Feindschaften traten Annäherung und Gewaltverzicht. Im Übergang zu den 1970er Jahren galt ein Zustand als erreicht, der im Deutschen als Entspannung, international als *Détente* bezeichnet wurde. Sowohl global als auch in Europa ging die Wende zur Entspannungspolitik von den Supermächten USA und UdSSR aus. Parallel dazu aber spielten auch die kleineren und mittelgroßen Staaten wie Dänemark, Frankreich oder die Bundesrepublik Deutschland eine wichtige Rolle.

Entspannung in Europa war nur erreichbar, wenn die deutsche Frage entschärft wurde. Wie dies gelang und wie die Bundesrepublik ins Zentrum der europäischen Entspannungspolitik rückte, ist Gegenstand dieses Buchs. Genauer gesagt, geht es darum, das Streben nach Entspannung als internationalen Prozess sowohl aus westdeutschem Blickwinkel als auch aus der Sicht der Staaten des Warschauer Pakts darzustellen. Neben der ost-westlichen Perspektivenvielfalt gilt es, die internationale Dynamik herauszuarbeiten, die durch neue Kommunikations- und Kooperationsformen im Verlauf des KSZE-Prozesses die Anfänge eines grenzüberschreitenden europäischen Bewusstseins hervortreten ließ.

Die Jahre 1966 und 1975 eignen sich als zeitliche Begrenzung, weil der Warschauer Pakt 1966 zur Abhaltung einer Europäischen Sicherheitskonferenz aufrief und in der Bundesrepublik die Konturen einer neuen Ostpolitik sichtbar wurden. Die darauf folgenden Weichenstellungen ließen schon den späteren Durchbruch im bilateralen Entspannungsprozess erahnen. An diesen Erfolg konnten kurze Zeit später die multilateralen Verhandlungen anknüpfen, die zur Schlussakte der Konferenz über Sicherheit und Zusammenarbeit in Europa (KSZE) 1975 in Helsinki führten. Bevor diese entspannungspolitischen Schritte in ihrer zeitlichen Abfolge dargestellt werden, befassen sich zwei Kapitel mit den Grundzügen der Epoche und den Vorstellungen der Akteure über Sinn und Zweck der Entspannungspolitik. Schon hier wird deutlich, dass Entspannung ein Nebeneinander von Annäherung und Konflikt war. Der Wandel in den Ost-West-Beziehungen verlief keineswegs linear. Was der Vergangenheit angehören sollte, waren die konfrontativen Verhaltensmuster des Kalten Kriegs. Nicht überwunden dagegen war der Ost-West-Konflikt selbst.

Darüber hinaus erfüllte die Entspannungspolitik nicht alle Erwartungen. So beklagte im Juli 1975 Willy Brandt anlässlich eines Treffens mit dem Generalsekretär der KPdSU, Leonid Breschnew, den mangelnden „Abbau von Truppen und Rüstungen" und befürchtete „Rückschläge" für die Entspannung in Europa. Auch Breschnew war unzufrieden, wenn auch aus anderen Gründen. „Bestenfalls" trete man „auf der Stelle", meinte er[1]. Beide konnten auf große und von ihnen selbst herbeigeführte Verbesserungen in den deutsch-sowjetischen Beziehungen zurückblicken. Gleichzeitig aber folgten sie einem unterschiedlichen Begriffsverständnis. Während Brandt eine dynamische Auffassung von Entspannung vertrat, die Europa Schritt für Schritt verändern würde und die deutsche Frage nicht nur entschärfen, sondern mittelfristig auch lösen sollte, orientierte sich Breschnew am Status quo und betrachtete Entspannung als Mittel zur imperialen Besitzstandswahrung – ein Konflikt, der erst 1989/90 gelöst wurde.

Mit Brandt und Breschnew sind zwei Politiker genannt, die zusammen mit anderen den Fortgang der Entspannung in Europa maßgeblich gestaltet haben. Sie vertraten ideologisch unvereinbare Positionen und gingen von unterschiedlichen Interessenlagen aus, stimmten aber darin überein, dass die Wahrung des Friedens absolute Priorität habe. Die diesem Zweck dienende Kooperation der Staaten bildete den unverzichtbaren politischen und rechtlichen Rahmen, um die nach wie vor bestehenden Konflikte zwischen Ost und West gewaltfrei austragen zu können.

Nicht zu übersehen ist das breite Spektrum nicht-staatlicher Einrichtungen und einzelner Personen, die am Abbau von Spannungen in Europa beteiligt waren. Zu nennen sind etwa Repräsentanten von Firmen und Banken, Vertreter von Parteien oder Gewerkschaften, Journalisten, kirchliche Amtsträger, Wissenschaftler, Schriftsteller oder Künstler. Auf ihre Rolle wird von Fall zu Fall hingewiesen. Doch nicht nur aus Gründen der räumlichen Beschränkung bleiben sie in dieser Darstellung Randfiguren. Denn es ist evident, dass es die Regierungen in Bonn, Moskau und den anderen Hauptstädten des Warschauer Pakts waren, die über die Weichenstellung in Richtung Entspannung entschieden und sie durchsetzen mussten. Der Blick richtet sich darum in erster Linie auf die staatlichen Akteure.

---

[1] Willy Brandt. Berliner Ausgabe, Bd. 9: Die Entspannung unzerstörbar machen. Internationale Beziehungen und deutsche Frage 1974–1982, bearb. von Frank Fischer, Bonn 2003, Dok. 13: S. 134–137, hier S. 136, und Dok. 14: S. 138–150, hier S. 141.

Diesen Komplex im Sinne einer internationalen Politikgeschichte der Entspannung zu analysieren, war die Aufgabe eines Forschungsprojekts an der Universität Mannheim, das von der VolkswagenStiftung finanziert wurde und auf dessen Ergebnissen dieses Buch aufbaut[2]. In den Fußnoten werden nur Zitate nachgewiesen; einen kurzen Überblick über die mittlerweile umfangreiche wissenschaftliche Literatur bietet eine annotierte Bibliographie.

[2] Unter der Leitung des Verfassers und Oliver Banges (jetzt Potsdam) waren an dem Projekt beteiligt: Jordan Baev (Sofia), Csaba Békés (Budapest), Alexei Filitov (Moskau), Kostadin Grozev (Sofia), Wanda Jarząbek (Warschau), Mikhail Lipkin (Moskau), Carmen Rijnoveanu (Bukarest), Svetlana Savranskaya (Washington) und Oldřich Tůma (Prag).

2. Entspannung im Ost-West-Konflikt als globaler Trend

Als der Ost-West-Konflikt 1989/90 zu Ende ging, hatte er unterschiedliche Phasen und Formen durchlaufen. Als Systemkonflikt mit gegensätzlichen Entwürfen über den besten Weg in die Moderne und konkurrierenden Visionen einer besseren Welt in Gestalt von Liberalismus und Sozialismus war er im 19. Jahrhundert entstanden. Die Staatenwelt wurde davon erfasst, als 1917 mit der Oktoberrevolution die sozialistisch-kommunistische Utopie zur Staatsideologie wurde. Der Sieg der Bolschewiki war weit mehr als eine innerrussische Angelegenheit. Lenin ließ die Welt einen Tag nach der Revolution mit seinem „Dekret über den Frieden" in keinerlei Zweifel, dass Frieden und die „Befreiung der werktätigen und ausgebeuteten Volksmassen" untrennbar zusammengehörten[1]. Damit hatte sich ein Gegenpol zur westlichen Welt formiert. Deren künftige Führungsmacht, die Vereinigten Staaten von Amerika, verfolgte 1917 mit ihrem Kriegseintritt nicht nur Sicherheits- und Wirtschaftsinteressen. Ihr Präsident Woodrow Wilson hatte darüber hinaus klare Vorstellungen, wie eine dauerhafte Friedensordnung zu erreichen sei. Sie müsse auf einer „Partnerschaft demokratischer Nationen" beruhen. Die Welt müsse „sicher gemacht werden für die Demokratie"[2].

Lenin und Wilson verkörperten Grundpositionen im Ost-West-Konflikt, die unvereinbar waren. International führte dieser Gegensatz vorerst nur zu einer Außenseiterposition der Sowjetunion. Dies änderte sich erst im Verlauf der internationalen Krisen in der Zwischenkriegszeit und während des Zweiten Weltkriegs. In kalkulierter Interessenabwägung schloss die stalinistische Sowjetunion 1939 einen Nichtangriffspakt mit dem nationalsozialistischen Deutschland. Erst der deutsche Angriff auf die Sowjetunion 1941 ließ sie zum Verbündeten Großbritanniens und kurz danach auch der USA werden. Als der deutsche Blitzkrieg entgegen allen Erwartungen vor Moskau zum Stehen kam und die Sowjetunion danach unter unvorstellbaren Opfern die Hauptlast des Landkriegs trug, errang sie im Urteil der Westmächte den Status einer Großmacht. Daraus folgte zunächst, dass ihr

---

[1] Wladimir Iljitsch Lenin, Ausgewählte Werke, Bd. 2, Berlin 1964, S. 527–531 (hier S. 530): Dekret über den Frieden vom 26. 4. 1917.
[2] So am 2. 4. 1917 vor dem Kongress; Woodrow Wilson, War and Peace. Presidential Messages, Addresses, and Public Papers (1917–1924), New York 1970, S. 14.

eine konstruktive Rolle als Ordnungsmacht im europäischen Staaten-system der Nachkriegszeit zugedacht war. Eine im Oktober 1944 zwischen Winston Churchill und Josef Stalin getroffene Absprache sah vor, Ostmittel-europa und Südosteuropa in Interessensphären zwischen Großbritannien und der Sowjetunion aufzuteilen. Etwas andere Vorstellungen hatte der amerikanische Präsident Franklin D. Roosevelt. In seinem global angeleg-ten Konzept sollte die Sowjetunion im Rahmen der Vereinten Nationen eine regionale Stabilisierungsfunktion ausfüllen. Damit ging die Erwartung einher, sie werde sich in eine westlich geprägte Nachkriegsordnung ein-binden lassen.

Aus sowjetischer Sicht wäre dies einer Juniorpartnerschaft mit den USA gleichgekommen. Ein derartiger Weg mochte in zweierlei Hinsicht gangbar erscheinen: Zum einen benötigte das zerstörte Land westliche Hilfe für den Wiederaufbau; zum anderen hätte eine von den Siegermächten gemeinsam getragene internationale Friedensordnung Sicherheit geboten, ohne immense Ressourcen in die Rüstung stecken zu müssen. Stalin legte die Priorität dagegen auf die Anerkennung der Sowjetunion als gleich-berechtigter autonomer Weltmacht, die auch außerhalb ihrer Grenzen im Nahen und Mittleren Osten, im Mittelmeerraum und in Osteuropa Einflusszonen beanspruchte und in der Atomrüstung unabhängig sein wollte. Sicherheit sah der sowjetische Diktator gewährleistet, wenn er überall dort, wo die Rote Armee stand, „sein eigenes gesellschaftliches System" etablieren konnte[3].

In westlicher Perspektive erschien dies nicht als normales Verhalten einer Großmacht, die als eine der beiden Hauptsiegermächte aus dem Zweiten Weltkrieg hervorgegangen war, sondern als Ausdruck sowjetischer Expansionspolitik und als Bedrohung des Westens. Schon im Mai 1945 wählte der desillusionierte Churchill für die neue Weltordnung ein Bild, das die politische Sprache prägen sollte: Ein „eiserner Vorhang" sei niedergegan-gen, der den Westen vom Osten Europas trenne[4]. Alsbald kam eine weitere Metapher in Umlauf: Die Konfrontation zwischen den USA als der westlichen und der Sowjetunion als der östlichen Führungsmacht wurde als Kalter Krieg bezeichnet. Der Ost-West-Konflikt hatte eine neue Stufe

---

[3] So Stalin im April 1945 zu Milovan Djilas, einem jugoslawischen Kommunisten und Vertrauten Titos; Wilfried Loth, Die Teilung der Welt. Geschichte des Kalten Krieges 1941–1955. Erweiterte Neuausgabe München 2000, S. 99.
[4] Winston S. Churchill, Der Zweite Weltkrieg, Bd. 6, Teil 2: Der Eiserne Vorhang, Stuttgart 1954, S. 262.

erreicht, auf der er das Weltgeschehen insgesamt erfasste. Im Übergang von den 1940er zu den 1950er Jahren weitete er sich zu einer globalen Auseinandersetzung mit zwei Supermächten aus, die sich in einem Macht- und Systemkonflikt unversöhnlich gegenüberstanden. Beide Seiten sahen in der jeweils anderen den Urheber der Konfrontation. USA und UdSSR beschuldigten sich wechselseitig, den Gegner auslöschen zu wollen, und formierten als Sicherung dagegen die Imperien des Kalten Kriegs. Mitte der 1950er Jahre war die Blockbildung abgeschlossen, die sich in den beiden hochgerüsteten Militärbündnissen der NATO und des Warschauer Pakts niederschlug. Das Streben nach äußerer Sicherheit fand seine Entsprechung in der Formierung von Gesellschaften, die gegen die Ideologie der jeweils anderen Seite immunisiert werden sollten. Der Feind wurde nicht nur als äußere Gefahr, sondern auch als innere Bedrohung wahrgenommen. Das eine erforderte Abschreckungsmaßnahmen im Bereich der konventionel-len und atomaren Rüstung, das andere Abwehrbereitschaft gegen die kom-munistische Unterwanderung beziehungsweise gegen den kapitalistischen Klassenfeind.

Die Ost-West-Konfrontation blieb unterhalb der Schwelle zu formellen Kampfhandlungen. Zwar wurde nach 1945 weltweit und unter direkter oder indirekter Beteiligung der Supermächte häufig Krieg geführt. In der unmittelbaren Konfrontation aber beließen sie es beim Kalten Krieg. Was im Rückblick als Tatsache erscheint, war für die Zeitgenossen alles andere als eine Gewissheit. Weit verbreitet waren kollektive Ängste, es könne zu einem neuen Weltkrieg kommen. Auch die politischen und militärischen Führungen waren vom Gefühl der Unsicherheit und der Bedrohung beherrscht. Ohne ihn tatsächlich führen zu wollen, trafen sie Vorbereitun-gen für einen Krieg. Sie mussten darauf bauen, dass sich die Gegenseite, die sie als Feind wahrnahmen, rational verhielt. Denn im Zeitalter der atoma-ren Vernichtungswaffen hörte Krieg vernünftigerweise auf, ein Mittel der Politik zu sein. Die Atommächte waren unfähig zum Frieden, aber sie sahen sich in den Worten des sowjetischen Parteichefs Nikita Chruscht-schow zur „friedlichen Koexistenz" gezwungen: „Es gibt tatsächlich nur zwei Wege: entweder friedliche Koexistenz oder den furchtbarsten Vernichtungs-krieg der Geschichte. Einen dritten Weg gibt es nicht."[5]

Dass diese rationale Einsicht eine risikoreiche Drohpolitik nicht aus-schloss, demonstrierte derselbe Chruschtschow, als er zwischen 1958 und

---

[5] Rede Chruschtschows auf dem XX. Parteitag der KPdSU am 14.2.1956, abgedruckt in: Ostprobleme 8 (1956), S.328–343, hier S.333.

1962 in Berlin und in Kuba zwei Krisen entfesselte. In beiden Fällen rührte er an dem stillschweigenden Einverständnis, auf dem die Nachkriegsordnung im Kern beruhte: Die Supermächte griffen nicht in die Interessensphäre der anderen Seite ein. In Konfliktfällen wie Deutschland oder Korea hatte dieses Prinzip zur Teilung der Länder geführt. Das hinderte die USA nicht an der Propagierung einer *Roll-Back*-Konzeption, um den Kommunismus in Osteuropa und in Asien zurückzudrängen. Die Befreiungsrhetorik führte allerdings nicht zu einer Intervention des Westens, als die sowjetische Hegemonialmacht die Aufstände in der DDR 1953 und in Ungarn 1956 mit militärischer Gewalt niederwarf. Höher als die Unterstützung für Freiheitskämpfer rangierte die Wahrung des Friedens auf der Basis der Teilung Europas in Einflusssphären. Die Sowjetunion verfolgte letztlich dieselbe Praxis, auch wenn sie mit dem Berlin-Ultimatum den Status quo in Frage stellte und mit der Stationierung von Raketen auf Kuba die USA in einer Weise herausforderte, dass ein Atomkrieg unmittelbar drohte. Entscheidend war, dass Moskau in beiden Fällen von seinen Maximalzielen abließ und damit die bestehende Ordnung respektierte. Auch der Bau der Mauer in Berlin, so einschneidend er für die unmittelbar Betroffenen war, bestätigte die Grundlagen eines Staatensystems mit zwei Supermächten, die sich unversöhnlich gegenüberstanden, ihre Feindschaft aber nicht offen austragen konnten. Frieden oder genauer gesagt: die Verhinderung von Krieg basierte auf dem wechselseitigen Verzicht, den Machtbereich des anderen offen in Frage zu stellen. Die Mauer in Berlin symbolisierte wie sonst nichts die Gleichzeitigkeit von Friedlosigkeit und Kriegsvermeidung.

Immer wieder gab es Überlegungen, wie der Kalte Krieg entschärft oder gar überwunden werden könnte. Dazu gehörte ein Appell John F. Kennedys von 1963. Nachdem er ein Jahr zuvor während der Kubakrise in den Abgrund eines Atomkriegs geblickt hatte, rief der amerikanische Präsident dazu auf, eine „Strategie des Friedens" zu entwickeln. Kennedys Ausgangspunkt war einfach und unerhört zugleich: „Wir müssen uns mit der Welt befassen, wie sie ist." Damit wollte er sagen, es sei von der Realität der sowjetischen Supermacht und ihres Imperiums auszugehen, das bis nach Mitteleuropa reichte und dessen Außengrenze mitten durch Deutschland verlief. Kennedy verurteilte den Kommunismus als „abstoßend" und bezeichnete das Streben der Sowjetunion, anderen ihr System aufzuzwingen, als „Hauptgrund für die Spannungen in unserer heutigen Welt". Er bescheinigte Moskau aber auch, „Abscheu vor dem Krieg" zu haben. Seinerseits empfahl Kennedy, „unsere Einstellung zum Kalten Krieg" zu überprüfen und damit aufzuhören, einen Konfliktausgleich mit der Sowjetunion als „unmöglich" anzusehen[6].

Kennedy wusste, dass der bloße Wunsch nach Friedenswahrung nicht ausreichte. Nötig waren darüber hinaus spezifische Methoden und Instrumente der Konfliktkontrolle. Offensichtlich mangelte es an direkten Kontakten zwischen Washington und Moskau. Zur Überwindung dieses Defizits empfahl Kennedy eine höhere Kommunikationsbereitschaft und verbesserte Kommunikationsbedingungen. Der Begriff der Kommunikation wurde in den Bemühungen um Spannungsabbau zu einem Signalwort, zu einem neuen Schlüsselbegriff, der neben den älteren Schlüsselbegriff des *Containment* trat. Kennedy zeichnete ein Bild der Sowjetunion, das differenzierter war, als es die 1946 von George F. Kennan vertretene Auffassung erlaubte. In den Analysen des amerikanischen Diplomaten, die die amerikanische und darüber hinaus ganz allgemein die westliche Wahrnehmung der Sowjetunion prägten, erschien die Sowjetunion als eine „politische Kraft", die „sich fanatisch zu dem Glauben bekennt, dass es mit Amerika keinen dauernden Modus vivendi geben kann"[7]. Eine Generation später erkannte Kennedy im Licht einer möglichen nuklearen Katastrophe und des langsam, aber kontinuierlich abnehmenden Sicherheitsvorsprungs der USA nicht nur den Zwang zu einem Modus vivendi, er hielt ihn auch für erreichbar. Die im Juni 1963 getroffene Vereinbarung über die Einrichtung einer direkten Nachrichtenverbindung zwischen dem Weißen Haus und dem Kreml zeigte, dass beide Seiten eine Lehre aus der Konfrontation während der Kubakrise gezogen hatten. Um einen „heißen" Krieg zu vermeiden, wurde ein „heißer Draht" installiert, der in künftigen Krisensituationen durch direkte Kommunikation ein besseres Krisenmanagement ermöglichen sollte.

Als nächster Schritt der Annäherung kam es im August 1963 zu einer Einigung über die teilweise Beendigung von Kernwaffenversuchen. Auch wenn dies nichts am atomaren Rüstungswettlauf änderte, setzte nun immerhin eine Serie von Verträgen zwischen Ost und West ein, die eine Überwindung des Denkens in den Kategorien des Kalten Kriegs einleiteten. Als Kennedys Nachfolger nahm Lyndon B. Johnson diesen Faden auf und setzte eine Strategiedebatte fort, die im Umgang der Supermächte für größere Beweglichkeit sorgte. Wie Verteidigungsplanung und Ost-West-Entspan-

---

[6] Ernst-Otto Czempiel/Carl-Christoph Schweitzer, Weltpolitik der USA nach 1945. Einführung und Dokumente. Aktualisierte Neuausgabe, Bonn 1989, Dok. 44: S. 277–283.
[7] George F. Kennan, Memoiren eines Diplomaten, München 1971, S. 564f.

nung kombiniert werden sollten, verdeutlichte schließlich Ende 1967 die nach dem belgischen Außenminister Pierre Harmel benannte Formel der NATO. Als künftige Aufgaben des Bündnisses nannte sie die Gewährleistung einer angemessenen militärischen Stärke, aber auch Anstrengungen zum Abbau von Spannungen mit dem Warschauer Pakt. Ein halbes Jahr später verkündete die NATO unter „wesentlicher" Mitwirkung der Bundesrepublik mit dem „Signal von Reykjavik" ihre sicherheitspolitische Grundvorstellung. Sie hielt am „Kräftegleichgewicht" zwischen beiden Seiten fest, allerdings auf einem niedrigeren Niveau. Vorgeschlagen wurden darum Verhandlungen über „ausgewogene und beiderseitige Truppenverminderungen" und „Rüstungskontrolle"[8].

Die Ausrichtung auf die Doppelstrategie von Abschreckung und Entspannung stellte für die westliche Allianz ein einigendes Band dar, nachdem Frankreich 1966 aus der militärischen Integration der NATO ausgeschieden war. Staatspräsident Charles de Gaulle zog mit diesem Aufsehen erregenden Schritt die Konsequenz aus seiner Osteuropapolitik. Sie war als eine genuin europäische Entspannungspolitik angelegt, die sich nicht von den Interessen der Supermächte ableitete. De Gaulle hielt den Zeitpunkt für gekommen, die Beziehungen zu den Staaten des Warschauer Pakts zu intensivieren. Rasch setzte sich international der französische Begriff *Détente* zur Kennzeichnung einer neuen Phase im Ost-West-Verhältnis durch. Als Ziel wurde nichts Geringeres genannt als die Überwindung der Blockkonfrontation und der Teilung des Kontinents durch die Wiederherstellung Europas „vom Atlantik bis zum Ural"[9].

Kooperation und Konflikt, Annäherung und Antagonismus standen in de Gaulles Entspannungspolitik dicht nebeneinander. Hier wird eine Ambivalenz sichtbar, die allen Spielarten von Entspannung eigen war. Zwar herrschte Einverständnis darüber, sich wechselseitig zu respektieren, das Sicherheitsbedürfnis der jeweils anderen Seite anzuerkennen und auf militärische Gewalt im Konfliktfall zu verzichten. Aber den Status quo grundsätzlich zu akzeptieren bedeutete keineswegs, ihn uneingeschränkt und unbegrenzt anerkennen zu wollen. In unbestimmter zeitlicher Perspektive

---

[8] Willy Brandt, Begegnungen und Einsichten. Die Jahre 1960–1975, Hamburg 1976, S. 249; Außenpolitik der Bundesrepublik Deutschland. Dokumente von 1949 bis 1994. Hrsg. aus Anlaß des 125. Jubiläums des Auswärtigen Amts, Köln 1995, Dok. 85: S. 320f.
[9] Diese seit Beginn seiner Präsidentschaft 1958 immer wieder gebrauchte Formel wiederholte de Gaulle in einer Pressekonferenz am 4.2.1965; Charles de Gaulle, Discours et messages, Bd. 4: Pour l'effort, aôut 1962 – décembre 1965, Paris 1970, S. 341.

wollten beide Supermächte die fragile Balance durchaus zum eigenen Vorteil verändern, und sie hielten das auch für möglich. Auf östlicher Seite waren die sowjetkommunistische Ideologie und die Vorstellung vom proletarischen Internationalismus unvermindert lebendig. Der Westen sah sein konstituierendes Prinzip der Liberalität als universal gültig an. Die Suche nach Ost-West-Entspannung sollte die Gefahrenmomente des Kalten Kriegs eindämmen, beendete aber nicht den Ost-West-Konflikt. Der von Hochrüstung begleitete ost-westliche Wettbewerb um die richtige gesellschaftliche und wirtschaftliche Ordnung dauerte in voller Schärfe an. Der Kampf um die „Seele der Menschheit" ging weiter[10].

De Gaulles Vision von europäischer Entspannung vermittelte der sowjetischen Führung durch die Anerkennung der Nachkriegsgrenzen ein Gefühl der Sicherheit. Zugleich aber zielte sie auf die Wiedergewinnung von nationaler Eigenständigkeit in West und Ost und damit letztlich auf die Auflösung der von den Supermächten gelenkten Imperien des Kalten Kriegs. Die Infragestellung der Sowjetunion als Hegemonialmacht konnte Moskau nicht gefallen, wurde aber dort nicht überbewertet, denn es handelte sich um eine Form westlicher Rhetorik, an die man gewöhnt war. Was aus Moskauer Sicht zählte, war de Gaulles Angebot, das dieser mit seinem programmatisch verkündeten Dreischritt „Entspannung – Verständigung – Zusammenarbeit" 1966 machte[11]. Ein konkreter Schritt in diese Richtung war die Einrichtung einer französisch-sowjetischen Kommission zur Organisation wissenschaftlicher, technischer und wirtschaftlicher Zusammenarbeit.

Kein anderes westliches Land war bis dahin in dieser Weise auf die Sowjetunion zugegangen. Welche Erwartungen auch immer daran geknüpft wurden, für die Sowjetunion kam die französische Initiative genau zum richtigen Zeitpunkt. Im Oktober 1964 war es zu einem Wechsel in der sowjetischen Führung mit Leonid Breschnew als Partei- und Alexej Kossygin als Regierungschef gekommen. Beide verkörperten in der Außenpolitik den Gegenpol zu Chruschtschow. An die Stelle seines oftmals gefährlich risikofreudigen Kurses sollten Berechenbarkeit und Zurückhaltung treten. Der schon von Chruschtschow gebrauchte Begriff der „friedlichen Koexistenz"

---

[10] Melvyn P. Leffler, For the Soul of Mankind. The United States, the Soviet Union, and the Cold War, New York 2007.
[11] Auch davon hat de Gaulle wiederholt gesprochen, u.a. in einer Rundfunk- und Fernsehansprache zum Abschluss seines zehntägigen Aufenthalts in der Sowjetunion am 30.6.1966: „Il s'agit de mettre en oeuvre successivement: la détente, l'entente et la coopération dans notre Europe tout entière"; Charles de Gaulle, Discours et messages, Bd. 5: Vers le terme, janvier 1966 – avril 1969, Paris 1970, S. 58.

sollte positiv aufgeladen werden und eine verlässliche, entspannungsorientierte Annäherung an den Westen signalisieren. Im Gegenzug erwartete die Sowjetunion, dass der Westen den sowjetischen Herrschaftsbereich in Mittel- und Osteuropa und die bestehenden Grenzverläufe nicht in Frage stellte. Im Kern bedeutete dies, die deutsche Frage mit dem Ziel der Entspannung in Europa in Einklang zu bringen.

Für die beiden deutschen Staaten ergaben sich daraus unterschiedliche Konsequenzen und Anforderungen. Während die Existenz der DDR auf der Zementierung des Status quo unter Einschluss der Teilung Deutschlands und Europas beruhte, verstand sich die Bundesrepublik von Anfang an als ein deutscher Teilstaat, der mit Unterstützung der Westalliierten auf eine Revision der territorialen Nachkriegsordnung drang. Mitte der 1960er Jahre geriet die Bundesrepublik jedoch unter Zugzwang, weil auch für die Westmächte, die zusammen mit der Sowjetunion für Deutschland als Ganzes Verantwortung trugen, die deutsche Frage gegenüber dem Bedürfnis nach Entspannung mit der Sowjetunion in den Hintergrund getreten war. Sowohl das gaullistische Frankreich als der Hauptpartner im Prozess der westeuropäischen Integration als auch die USA als der wichtigste Verbündete und Sicherheitsgarant in der NATO ließen Bonn nicht im Zweifel darüber, dass die alte Priorität – erst Wiedervereinigung, dann Entspannung – nicht mehr galt. Klarer als Präsident Johnson es im Oktober 1966 tat, konnte man es nicht sagen. Für ihn war die Wiederherstellung der deutschen Einheit nur unter der Voraussetzung eines „größeren, friedlichen und prosperierenden Europas" vorstellbar. Die Überwindung der Spaltung Europas betrachtete er als vorrangige, als die „große unerledigte Aufgabe" seiner Generation. Erreichbar sei dies nur im Konsens mit der Sowjetunion, denn nichts sei „wichtiger als der Frieden"[12].

Damit modifizierte Johnson schon früher geäußerte Vorstellungen, wie das Problem des geteilten Europa angepackt werden könnte, nämlich durch den Bau von Brücken nach Osten. Als mögliche Brücken über den „Abgrund" der europäischen Spaltung nannte er Handel, westliche Ideen, Besucherströme oder humanitäre Hilfe. Dahinter verbarg sich nichts anderes als der Versuch, auf östliche Gesellschaften einzuwirken. Während der territoriale Status quo nicht in Frage gestellt wurde, sollte der politische Status quo überwunden werden. Annäherung an den Osten sollte dort schrittweise zu Veränderungen führen und „den Geist einer neuen Genera-

---

[12] Die Rede Johnsons vor der *National Conference of Editorial Writers* am 7. 10. 1966 in New York findet sich unter: www.presidency.ucsb.edu/ws/?pid=27908.

tion für die Werte und Visionen der westlichen Zivilisation" öffnen[13] – eine Perspektive, die aus östlicher Regierungssicht ganz und gar unakzeptabel war. Praktikabler wurde Johnsons Konzept erst, als er es später um sicherheitspolitische Komponenten und Vorstellungen gemeinsamer Sicherheit ergänzte. Um ein breiteres Fundament für „wechselseitiges Vertrauen" zu erreichen, plädierte er für eine auf Kooperation beruhende Selbstverpflichtung zum Frieden. Schritte in diese Richtung waren für ihn die Respektierung der europäischen Nachkriegsgrenzen, die Nichtverbreitung von Atomwaffen und eine gleichgewichtige Truppenverminderung in Europa[14].

Schon am 1. Juli 1968 schlossen die USA, Großbritannien und die Sowjetunion einen Vertrag über die Nichtverbreitung von Kernwaffen, dem möglichst alle Staaten beitreten sollten. Ein amerikanisch-sowjetisches Gipfeltreffen, das auch die Begrenzung von strategischen Waffen behandeln sollte, rückte in greifbare Nähe. Es kam nicht zustande, weil Truppen des Warschauer Pakts unter Führung der Sowjetunion in der Nacht vom 20. auf den 21. August 1968 die Tschechoslowakei besetzten und dem Reformkommunismus des Prager Frühlings mit militärischer Gewalt ein Ende setzten. Keineswegs an ein Ende gekommen war jedoch der Trend zur Entschärfung des Ost-West-Konflikts. Im Westen verurteilte man zwar das sowjetische Vorgehen und reduzierte die Kontakte mit der Sowjetunion vorübergehend. Nach kurzem Schock und entsprechenden Sympathiekundgebungen für die brutal unterdrückte tschechoslowakische Reformbewegung setzte sich bei den westlichen Regierungen allerdings die Einsicht durch, dass die Sowjetunion innerhalb ihres eigenen Machtbereichs gehandelt und westliche Sicherheitsinteressen im Kern nicht berührt habe. Wichtiger als die Liberalisierung im Osten erschien – wie schon 1953 und 1956 – die Stabilisierung bestehender Kräfteverhältnisse als elementare Voraussetzung für Annäherung und Entspannung.

Den unbedingten Vorrang von Stabilität gegenüber Wandel unterstrich denn auch Richard Nixon als neuer seit Januar 1969 amtierender Präsident der Vereinigten Staaten. Seinem Sicherheitsberater Henry Kissinger gelang es binnen kurzem, ein Vertrauensverhältnis zum sowjetischen Botschafter in Washington, Anatoli Dobrynin, aufzubauen. Der langjährige Dialog dieser beiden Spitzenvertreter über kontroverse Themen fungierte praktisch als

---

[13] Die Rede Johnsons am *Virginia Military Institute* am 23. 5. 1964 in Lexington findet sich unter: www.presidency.ucsb.edu/ws/?pid=26264.
[14] So Johnson vor der *National Conference of Editorial Writers* am 7. 10. 1966 in New York.

direkter Kommunikationskanal zwischen dem Weißen Haus und dem Kreml. Die Grundlage dafür war eindeutig: Am Status quo in Europa sollte nicht gerührt werden. Die Sowjetunion bekundete Zurückhaltung in der Berlinfrage, und Kissinger distanzierte sich von Johnsons Vorstellung eines Brückenschlags von West- nach Osteuropa. Ausdrücklich bekräftigte er, die USA hätten „kein Interesse an der Unterminierung der sowjetischen Position in Osteuropa"[15].

Auf dieser Basis sollte sich die *Détente*-Diplomatie der Supermächte entwickeln. Die nun eröffnete „Ära der Verhandlungen"[16] blieb nicht ohne greifbare Ergebnisse. Dazu gehörten das Viermächteabkommen über Berlin 1971 und ein Vertragswerk über die Begrenzung der strategischen Rüstung, das anlässlich eines Gipfeltreffens im Mai 1972 in Moskau unterzeichnet wurde. Nixon und Breschnew begegneten sich als gleichberechtigte Führer der größten Militärmächte und versicherten, ihre fortdauernde Rivalität nur mit friedlichen Mitteln austragen zu wollen. Von der Überwindung der Spaltung Europas, wie sie Präsident Johnson vorgeschwebt hatte, war keine Rede mehr. Immerhin aber legte Nixon auf der Rückreise einen Zwischenstopp in Warschau ein. Damit unterstützte er, wie schon zuvor 1969 durch einen Besuch Rumäniens, den „Wunsch nach nationaler Eigenständigkeit" der osteuropäischen Staaten[17]. Vorrang hatte für Nixon freilich die Anerkennung der „legitimen Sicherheitsinteressen der Sowjetunion", auch wenn er in Erklärungen für die amerikanische Öffentlichkeit nicht umhin konnte, die „Länder Osteuropas als souverän" anzusehen und nicht als „Teile eines monolithischen Blocks"[18].

In Warschau traf die amerikanisch-sowjetische Verpflichtung zur Wahrung des Friedens auf ein ausgesprochen positives Echo, denn „Polens Autonomie" – wie auch diejenige anderer kleinerer und mittlerer Mächte in Ost- und Westeuropa – konnte bei einem Abbau bestehender Spannungen nur zunehmen[19]. Welche Dynamik sich darüber hinaus in den Bündnissen und über die Demarkationslinie hinweg ergeben konnte, blieb abzuwarten. Auf jeden Fall war Ost-West-Entspannung nicht mehr nur eine Angelegen-

---

[15] David C. Geyer/Douglas E. Selvage (Hrsg.), Soviet-American Relations. The Détente Years, 1969–1972, Washington 2007, S. 27: Unterredung zwischen Kissinger und Dobrynin am 3.3.1969 in Washington.
[16] So Präsident Nixon in seiner Antrittsrede am 20.1.1969; www.presidency.ucsb.edu/ws/?pid=1941.
[17] Henry Kissinger, White House Years, Boston 1979, S. 1265.
[18] Czempiel/Schweitzer, Weltpolitik der USA, Dok. 49: S. 322–327, hier S. 326.
[19] Kissinger, White House Years, S. 1268.

heit der Supermächte. Sie blieben zwar unverzichtbar, denn ohne ihre Annäherung hätte sich kaum ein größerer Handlungsspielraum für europäische Staaten eröffnet, wie ihn etwa das gaullistische Frankreich beanspruchte. Zugleich war das internationale System jedoch nicht mehr ausschließlich bipolar ausgerichtet. Mit Westeuropa, Japan und der Volksrepublik China hatten neue Akteure die weltpolitische Bühne betreten, die zwar militärisch nicht mithalten konnten, aber aufgrund ihres politischen Gewichts und wirtschaftlichen Potentials eine zunehmend eigenständigere Position einnahmen.

Nichts verdeutlicht dies mehr als die Wende der amerikanischen Chinapolitik und die Reise Nixons nach Peking im Februar 1972 noch vor dem Moskauer Gipfeltreffen. Das Aufkommen neuer Machtzentren ging Hand in Hand mit dem relativen Machtverlust der USA und der Sowjetunion. Schon bald nach Beginn seiner Amtszeit verkündete Nixon die nach ihm genannte Doktrin, der zufolge die globalen Verpflichtungen der USA begrenzt werden sollten. Zum ersten Mal in der Geschichte der amerikanischen Weltmacht zeichnete sich ab, dass ihre finanziellen und militärischen Ressourcen nicht unerschöpflich waren. Das Abrücken vom Goldstandard im August 1971 verdeutliche die Zwangslage des Landes und markierte zugleich das Ende des Währungssystems von Bretton Woods, das eine der Säulen der westlichen Nachkriegsordnung gebildet hatte. Darüber hinaus galt eine weitere scheinbar feste Größe der Nachkriegszeit nicht mehr. Die USA hatten ihren Sicherheitsvorsprung eingebüßt und sahen sich gezwungen, die militärische Parität der Sowjetunion anzuerkennen. Die Welt befinde sich „im Wandel", erklärte Nixon 1972 vor ausgesuchten Mitgliedern des Kongresses. Neue Realitäten erforderten eine neue Politik, setzte Kissinger hinzu. Man sei mit einer internationalen Situation konfrontiert, die das Festhalten an „traditionellen Mustern" verbiete, wie sie in der Nachkriegszeit gegolten hätten. Der Sowjetunion und China wurde außenpolitischer Pragmatismus bescheinigt, weshalb die USA Macht und Einfluss mit diesen ideologischen Gegnern teilen könnten. Nixon offenbarte seinen Zuhörer Unerhörtes: Das Zeitalter überlegener amerikanischer Stärke sei vergangen. Man solle nicht annehmen, dass die USA aus einem unkontrollierten Rüstungswettlauf notwendigerweise als Sieger hervorgehen würden[20].

Auch die Sowjetunion war an einer Begrenzung der strategischen Rüstung interessiert. Psychologisch gesehen befand sich die Moskauer Führung allerdings in einer komfortableren Lage. Ihre Selbstwahrnehmung als nuk-

---

[20] RNPL, White House Special Files, President's Office Files, Box 90, Darlegungen von Nixon und Kissinger am 2.6.1972 vor führenden Kongressmitgliedern.

leare Weltmacht beruhte darauf, zu den USA aufgeschlossen zu haben und als gleichberechtigter Verhandlungspartner anerkannt zu sein. Entspannung zwischen Ost und West erschien nicht als notwendiges Einlenken angesichts neuer Machtverhältnisse, sondern als günstige Ausgangsbasis, die eigene Position „festigen und ausbauen" zu können[21]. Die Konfrontation mit der Volksrepublik China, die im März 1969 zu militärischen Auseinandersetzungen am Grenzfluss Ussuri führte, ließ Ruhe im Westen geboten erscheinen. Auch in anderer Hinsicht versprach ein kooperativer Ausgleich mit westlichen Ländern Vorteile. Militärisch war die Sowjetunion eine der beiden Supermächte. Wirtschaftlich befand sie sich dagegen im Rückstand, der nur durch eine Öffnung gegenüber dem Westen verringert werden konnte. Den größten Gewinn erhoffte sich Moskau von einem Ausbau der Wirtschaftsbeziehungen zur Bundesrepublik. Tatsächlich stieg diese Anfang der 1970er Jahre zum wichtigsten westlichen Handelspartner der Sowjetunion auf. Eine entspannungsorientierte Annäherung war auch erforderlich, um die Bundesregierung dazu zu bewegen, die nach dem Krieg in Europa gezogenen Grenzen endlich zu bestätigen und damit die sowjetische Hegemonialstellung anzuerkennen.

Aus westdeutscher Sicht ergab sich aus alldem zweierlei: zum einen die Notwendigkeit der konsequenten Anpassung an die Realitäten der Nachkriegszeit; zum anderen aber die Chance, die Teilung Deutschlands und Europas nicht nur hinzunehmen, sondern den Status quo nach Möglichkeit auch zu verändern. Es handelte sich um eine Konstellation, in der der Blick sowohl zurück als auch nach vorn ging: in die Vergangenheit des Zweiten Weltkriegs und des Kalten Kriegs sowie in die noch ungewisse Zukunft der Entspannung zwischen Ost und West. Beide Blickrichtungen waren nötig, wollte man die Auswirkungen des Zweiten Weltkriegs und des Kalten Kriegs erträglicher gestalten, vielleicht sogar überwinden. Die Bundesrepublik spielte eine Schlüsselrolle für ganz Europa, weil ohne ihre Mitwirkung kein geregeltes Nebeneinander von Ost und West denkbar war, und darüber hinaus, weil Entspannungspolitik in Gestalt der westdeutschen Ostpolitik das Fernziel verfolgte, Europa durch die Transformation des sowjetischen Herrschaftsbereichs nachhaltig zu verändern.

Die Sowjetunion und ihre Bündnispartner verstanden etwas anderes unter Entspannung. Allerdings wichen die Zielvorstellungen der Ostblock-

---

[21] So Außenminister Gromyko in einem vom Politbüro der KPdSU verabschiedeten Memorandum vom 13. 1. 1967; Anatoly Dobrynin, In Confidence. Moscow's Ambassador to America's Six Cold War Presidents (1962–1986), New York 1995, S. 640.

staaten voneinander ab. Fragt man nach Prioritäten, die für die politischen
Führungen im Warschauer Pakt bestimmend waren, so kann folgende Typi-
sierung vorgenommen werden. Sie ermöglicht einen differenzierenden Blick
auf das östliche Bündnis, das nur vordergründig den Charakter eines geschlossenen Blocks hatte. Die Sowjetunion, Polen und die DDR, für die das
Verlangen nach sicheren Grenzen im Mittelpunkt stand, erwarteten von der
Bundesrepublik im Zuge der Entspannungspolitik die Anerkennung des
territorialen Status quo. Für die übrigen Mitglieder des Warschauer Pakts
galten andere Gesichtspunkte. Ungarn erhoffte sich von stärkeren Ost-West-
Kontakten vor allem einen Ausbau der Wirtschaftsbeziehungen. Dieses
Interesse war keineswegs auf Ungarn beschränkt, für die anderen Staaten
aber nicht so dominant wie in der wirtschaftsorientierten Westpolitik
Ungarns. Einen dritten Typus repräsentierte Rumänien, das vor allem sein
Recht auf nationale Identität und Souveränität in Abgrenzung von der
sowjetischen Hegemonialmacht unterstreichen wollte. Bulgarien und die
Tschechoslowakei sind keiner dieser Richtungen eindeutig zuzuordnen.
Bulgarien blieb unauffällig im Schatten der Sowjetunion, während die
Tschechoslowakei 1968 umso deutlicher aus ihm heraustrat. Die Prager
Reformer wollten den Warschauer Pakt nicht verlassen, gingen mit ihrer
vorsichtigen politischen und wirtschaftlichen Öffnung gegenüber dem
Westen aber weiter als jede andere kommunistische Regierung. Die Libera-
lisierung im Innern stellte für die Moskauer Führung ein größeres Problem
für die Wahrung des sowjetischen Machtbereichs dar als das Insistieren
Rumäniens auf Eigenständigkeit in den Beziehungen zum Westen.

Damit ist die breite Skala der Themen und Konflikte skizziert, die die
Praxis der europäischen Entspannungspolitik ausmachten. Einen institutio-
nellen Rahmen erhielt die Debatte über all diese Fragen, als im November
1972 die erste Etappe der Konferenz über Sicherheit und Zusammenarbeit in
Europa begann. Nach mehreren Verhandlungsphasen endete sie am 1. August
1975 mit der Schlussakte von Helsinki, die von 35 europäischen und nord-
amerikanischen Staats- und Regierungschefs unterschrieben wurde. In diesem
Dokument waren die Prinzipien niedergelegt, von denen sich die Staaten
im Umgang miteinander leiten lassen wollten, allen voran der Verzicht auf
Androhung und Anwendung von Gewalt und die Unverletzlichkeit der
Grenzen. Diese Selbstverpflichtung zur Friedenswahrung wurde durch einen
erweiterten Friedensbegriff ergänzt. Nicht nur das außenpolitische Konflikt-
verhalten der Staaten oder vermehrter wirtschaftlicher Austausch, sondern
auch bestimmte Normen und innerstaatliche Strukturen galten als wichtige
Bedingungen für die Stabilisierung von Frieden. Dazu zählten die Achtung

der Menschenrechte und verbesserte Reise- und Informationsmöglichkeiten über den Eisernen Vorhang hinweg, der nach wie vor das westliche vom östlichen Europa trennte, aber durch Kontakte und Kooperation durchlässiger werden sollte.

Die schon 1954 von der Sowjetunion angeregte Europäische Sicherheitskonferenz war zwei Jahrzehnte später in entscheidender Weise erweitert worden. Ursprünglich sollte sie der Bestätigung der europäischen Nachkriegsordnung dienen. Was die sowjetische Führung als Voraussetzung für die Herstellung kollektiver Sicherheit bezeichnete, wurde im Westen als durchsichtiger Versuch zurückgewiesen, zu einer förmlichen Anerkennung der von der Sowjetunion durchgesetzten Grenzziehungen und Absicherung ihrer Herrschaft im geteilten Europa zu kommen. Erst im Kontext der Entspannungspolitik erhielt die Konferenzidee Auftrieb. Allerdings handelte es sich schließlich um eine Veranstaltung, die sich deutlich von den ursprünglichen sowjetischen Vorstellungen unterschied. Teilnehmer waren jetzt auch die USA und Kanada. Die Tagesordnung umfasste Themen, die in dieser Breite und Kombination noch nie auf einer Konferenz über die Zukunft Europas erörtert worden waren. Nicht zuletzt spielten die Westeuropäer dabei eine selbstbewusste Rolle und leisteten einen eigenständigen Beitrag zum europäischen Entspannungsprozess.

3. Entspannung in Europa: Wahrnehmungen und Erwartungen

Die Schlussakte von Helsinki war kein völkerrechtlich verbindliches Dokument mit eindeutigen Festlegungen, sondern eine Absichtserklärung, die viel Raum für unterschiedliche Auslegungen ließ. Es konnte niemanden überraschen, dass unmittelbar nach Beendigung der KSZE zwischen Ost und West, aber auch in allen an der Konferenz beteiligten Staaten eine kontroverse Diskussion darüber einsetzte, wie einzelne Prinzipien zu verstehen waren. Die Regierungen der Warschauer Pakt-Staaten betonten vorrangig die statischen Elemente wie die Unverletzlichkeit der territorialen Ordnung oder den Grundsatz der Nichteinmischung in innere Angelegenheiten. Sie setzten sich damit gegen westliche Vorstellungen von Zivilgesellschaft zur Wehr, die sie auch in ihrem eigenen Machtbereich von Bürgerrechtlern zunehmend zu hören bekamen. Auch im Hinblick auf den friedlichen Wandel von Grenzen beziehungsweise deren größere Durchlässigkeit wichen die Auffassungen voneinander ab. Insgesamt wurde im Westen stärker das in der KSZE-Schlussakte enthaltene dynamische Potenzial hervorgehoben, das die europäische Entspannungspolitik nicht nur unumkehrbar machen, sondern darüber hinaus letztlich eine Überwindung der Teilung Europas möglich erscheinen lassen sollte. Kurzum: Trotz der 1975 erreichten ostwestlichen Annäherung – so sehr sie das Gesicht Nachkriegseuropas verändert hatte – bestanden die unterschiedlichen und zum Teil gegensätzlichen Erwartungen fort, die sich mit der Entspannungspolitik verbanden.

In besonderer Weise waren die Deutschen davon betroffen. Während die DDR-Führung das Erreichte konservieren wollte, bestand die Bundesregierung auf der Perspektive einer schrittweisen Veränderung des Status quo. Auch wenn beide Seiten an Sicherheit und Zusammenarbeit in Europa ernsthaft interessiert waren, über Zweck und Ziel gab es keine Übereinstimmung. Einerseits beruhte die Politik der Entspannung auf dem gemeinsamen Interesse an Friedenswahrung und Stabilität. Zu diesem Zweck schlossen die deutschen Staaten Verträge und trafen Vereinbarungen, die beiden Seiten Vorteile boten und in Ton und Inhalt die Beziehungen zwischen der Bundesrepublik und den Staaten des Warschauer Pakts nachhaltig veränderten. Andererseits blieben die gegensätzlichen Welten des westlichen und des östlichen Europa erhalten. Die DDR befestigte die innerdeutsche Grenze sogar noch stärker, und die Organe der Staatssicherheit überwachten die

Bevölkerung umfassender als zuvor. Die DDR war international anerkannt, fürchtete aber die Auswirkungen der Annäherung zwischen Ost und West auf das eigene Herrschaftssystem. Nicht zu Unrecht argwöhnte Walter Ulbricht, der Westen wolle im Zuge der Entspannung „bei uns eindringen"[1]. Bonn hatte auf seinen früheren Alleinvertretungsanspruch verzichtet und die staatliche Existenz der DDR anerkannt. Diesem Gewinn stand allerdings ein erhebliches Risiko gegenüber, denn die Ostpolitik konnte sich als „Aggression auf Filzlatschen" erweisen[2]. Den Befürchtungen in Ost-Berlin entsprach das Bonner Kalkül, durch verstärkte politische, wirtschaftliche und kulturelle Präsenz langfristig auf die kommunistischen Systeme einwirken und nicht zuletzt in der DDR zu einer Lockerung des Regimes beitragen zu können.

Dies ist nur *ein* Beispiel dafür, wie unterschiedlich die Einschätzungen ausfallen konnten, wenn von Entspannung die Rede war. Wenn im Folgenden nach der Ausgangslage, den Mitteln und den Zielen der Entspannungspolitik gefragt wird, gilt die Aufmerksamkeit den Handlungsentwürfen und Visionen. Wie sah die Welt in den Köpfen von Akteuren aus, die an maßgeblicher Stelle über den Zustand und die Weiterentwicklung der Ost-West-Beziehungen nachgedacht haben? Bei ihnen handelt es sich um einen gut überschaubaren Kreis von Entscheidungsträgern und deren engsten Beratern. Nur sie vermochten Entspannungskonzepte in operative Politik umzusetzen.

Die Vorstellung, man solle aufeinander zugehen, war natürlich keineswegs auf diesen engeren Zirkel beschränkt. Man denke nur an die schon im Oktober 1965 publizierte Ostdenkschrift der Evangelischen Kirche in Deutschland. Sie trug den Titel „Die Lage der Vertriebenen und das Verhältnis des deutschen Volkes zu seinen östlichen Nachbarn" und bot einen „Dialog auf neuer Ebene" an. Oder man denke an den Brief der polnischen Bischöfe an ihre deutschen Amtsbrüder vom November 1965, der

[1] Während einer Sitzung des SED-Politbüros am 30.10.1969 erkannte Ulbricht, Brandt wolle mit seiner Ostpolitik „bei uns eindringen". Ulbrichts Schlussfolgerung lautete: „Wenn Brandt neue Ostpolitik macht, dann machen wir eine neue Westpolitik, und zwar eine, die sich gewaschen hat. Dabei soll er ins Schwitzen kommen." Dokumente zur Deutschlandpolitik, Reihe 6: 21. Oktober 1969 bis 30. September 1982, Bd. 1: 21. Oktober 1969 bis 31. Dezember 1970, bearb. von Daniel Hofmann, München 2002, Dok. 10: S. 26–31, hier S. 28.
[2] Für diese treffende Formulierung, die Außenminister Otto Winzer zugeschrieben wird, fehlt allerdings ein schriftlicher Beleg. Vgl. aber Karl Seidel, Berlin-Bonner Balance: 20 Jahre deutsch-deutsche Beziehungen. Erinnerungen und Erkenntnisse eines Beteiligten, Berlin 2002, S. 52.

in dem Aufsehen erregenden Satz gipfelte: „Wir gewähren Vergebung und
bitten um Vergebung."[3] Man muss sich aber vor Augen halten, dass solche
Aufrufe zum Zeitpunkt ihrer Veröffentlichung konträr zur herrschenden
Meinung standen und schon gar nicht der jeweiligen Regierungspolitik
entsprachen. Denn sowohl in der Bundesrepublik als auch in den Staaten
des Warschauer Pakts hatte Entspannungspolitik den Charakter eines Wag-
nisses. So wünschenswert ein Abbau von Konfrontation in Europa auch erscheinen mochte, so ungewiss war es zugleich, auf welcher Grundlage eine
Annäherung zwischen West und Ost erfolgen und in welchem Maß man
der anderen Seite Vertrauen schenken konnte. Kein Wunder also, dass jede
entspannungspolitische Äußerung von intensiven und zum Teil auch
leidenschaftlichen Debatten begleitet wurde. Die Bundesrepublik als offene
Gesellschaft und mit ihrem pluralistischen politischen System war hoch-
gradig davon betroffen. Aber auch in den Politbüros der kommunistischen
Parteien gab es Kontroversen über die einzuschlagende Westpolitik. Hier
wie dort trafen miteinander konkurrierende Wahrnehmungen und Risiko-
abwägungen aufeinander, die zu unterschiedlichen Einschätzungen über
die Tragfähigkeit entspannungspolitischer Konzepte führten. Wahl- und
Machtkämpfe entschieden schließlich darüber, welcher Weg eingeschlagen
werden sollte.

In der Bundesrepublik war es die Wahl vom 28. September 1969, die zur
Bildung einer sozial-liberalen Regierung mit dem Sozialdemokraten Willy
Brandt als Bundeskanzler und dem Liberalen Walter Scheel als Außenminister führte. Das SPD/FDP-Regierungsbündnis beruhte nicht zuletzt auf einer
nahtlosen Übereinstimmung der Koalitionspartner in der Außenpolitik.
Zum einen galt es, den bestehenden Prozess der europäischen Integration
voranzutreiben; zum anderen, einen weiteren Prozess – den der Entspannung nach Osten – überhaupt erst richtig in Gang zu setzen, nachdem
schon die Vorgängerregierung der Großen Koalition aus CDU/CSU und
SPD mit dem Christdemokraten Kurt Georg Kiesinger als Bundeskanzler
und Willy Brandt als Außenminister seit Dezember 1966 die Anfänge einer
neuen Ostpolitik markiert hatte. Brandt war auch insofern eine Schlüssel-

---

[3] Die Einzelheiten und Zitate finden sich bei Martin Greschat, Vom Tübinger Memo-
randum (1961) zur Ratifizierung der Ostverträge (1972). Protestantische Beiträge zur
Aussöhnung mit Polen, in: Friedhelm Boll/Wiesław Wysocki/Klaus Ziemer (Hrsg.),
Versöhnung und Politik. Polnisch-deutsche Versöhnungsinitiativen der 1960er-
Jahre und die Entspannungspolitik, Bonn 2009, S. 29–51 (Zitat S. 37), und Robert
Żurek, Der Briefwechsel der katholischen Bischöfe von 1965, in: ebenda, S. 67–76
(Zitat S. 67).

figur, als er schon als Regierender Bürgermeister von Berlin eine entspannungspolitische Pionierrolle gespielt hatte. Mit seiner Politik der „kleinen Schritte" hatte er nach dem Bau der Mauer für Aufsehen gesorgt[4]. Damit konnte er die Mauer nicht zum Verschwinden bringen, das Passierscheinabkommen vom Dezember 1963 machte sie aber vorübergehend durchlässig.

Für die Vermittlung dieser Politik in der Öffentlichkeit war als Leiter des West-Berliner Presse- und Informationsamts Egon Bahr zuständig. Er wurde darüber hinaus Brandts engster Berater, der wie kein anderer konzeptionell und operativ die Entspannungspolitik prägte. Als Brandt Außenminister wurde, wechselte Bahr mit ihm nach Bonn ins Auswärtige Amt, wo er nach einiger Zeit als Nachfolger Günther Diehls die Leitung des Planungsstabs übernahm, und später ins Kanzleramt, wo er als Staatssekretär für die Deutschland- und Ostpolitik zuständig war. Das Tandem Brandt/Bahr – der eine abgewogener, der andere pointierter formulierend – vertrat in enger gedanklicher Nähe zu Kennedy eine paradox anmutende These: Sie besagte, dass man die Realität der kommunistischen Herrschaft und der bestehenden territorialen Nachkriegsordnung zunächst einmal hinnehmen müsse, wenn man sie langfristig verändern wolle. Bahr prägte dafür 1963 die Formel „Wandel durch Annäherung"; Brandt sprach von einer „Politik der Transformation"[5]. Zehn Jahre später, als es tatsächlich zur Annäherung zwischen der Bundesrepublik und den Warschauer Pakt-Staaten gekommen war und der Beginn der KSZE-Verhandlungen einen Wandel im Ost-West-Verhältnis spürbar werden ließ, konnte Bahr mit einigem Stolz „Wandel durch Annäherung" als „europäisches Konzept" bezeichnen. Angesichts eines „neuen Abschnitts der Weltpolitik" bezeichnete er es als die „feste Absicht beider Seiten, daß der kalte Krieg zu Ende ist"[6].

Formulierungen dieser Art waren vor Missverständnissen nicht gefeit. Wer heraushören wollte, das goldene Zeitalter einer europäischen Friedensordnung sei bereits angebrochen, unterstellte Bahr, dieser verschließe die

---

[4] Vgl. Brandt, Begegnungen und Einsichten, S. 101 ff.
[5] Anlässlich einer Jahrestagung des Politischen Clubs der Evangelischen Akademie Tutzing hielten Bahr und Brandt am 15.7.1963 Vorträge, die als Schlüsseltexte ihrer entspannungspolitischen Vorstellungen anzusehen sind. Vgl. Dokumente zur Deutschlandpolitik, Reihe 4: 10. November 1958 bis 30. November 1966, Bd. 9/2: 1. Juli bis 31. Dezember 1963, bearb. von Gisela Biewer und Werner John, Frankfurt a. M. 1978, S. 565–571 (Brandt) und 572–575 (Bahr); die Zitate finden sich auf S. 568 und S. 575.
[6] Wandel durch Annäherung. Egon Bahr in Tutzing 1963 und 1973. Dokumentation, in: Deutschland Archiv 6 (1973), S. 862–873, die Zitate finden sich auf S. 867 und S. 869.

Augen vor dem fundamentalen Ost-West-Gegensatz. Das Gegenteil war der Fall. Wenn Bahr das Ende des Kalten Kriegs beschwor, wollte er keine Illusionen über die Natur kommunistischer Herrschaft oder über die imperiale Rolle der Sowjetunion wecken. Vielmehr differenzierte er zwischen zwei Formen des Ost-West-Konflikts, zwischen dem Kalten Krieg, als bis zur Kubakrise auf Konfrontation gesetzt wurde, und der Entspannung, die einen neuen Umgang mit der Auseinandersetzung darstellte. Insbesondere sollte ins Bewusstsein gerückt werden, dass die als Bedrohung empfundene Konfrontation mit der Sowjetunion, die die Gründungsphase der Bundesrepublik geprägt hatte, der Vergangenheit angehörte. Denn in der Epoche der Entspannung zwischen Ost und West sollten, wie es im Moskauer Vertrag 1970 hieß, „Streitfragen ausschließlich mit friedlichen Mitteln" gelöst werden. Die „Drohung mit Gewalt oder die Anwendung von Gewalt" sollten ausgeschlossen sein[7].

In Übereinstimmung damit wurde in der Sowjetunion von der „Wende vom ‚Kalten Krieg' zur Entspannung" gesprochen, wie es 1973 in der Neuauflage des von Außenminister Andreij Gromyko herausgegebenen Diplomatischen Wörterbuchs hieß[8]. Auch der sowjetische Parteichef Breschnew betonte, die Ideologie des Kalten Kriegs habe ausgedient. In der Tat entsprach es der sowjetischen Interessenlage, die Sprache der Entspannung zu kultivieren und das Denken in den Kategorien des Kalten Kriegs für überholt zu erklären. Breschnew war von einem Beraterstab aus jüngeren Westexperten umgeben, die nicht aus dem Parteiapparat, sondern aus der akademischen Welt wie dem Institut für Weltwirtschaft und internationale Beziehungen kamen. Sie hielten die Intervention in der Tschechoslowakei für einen Fehler und den Interessenausgleich mit dem Westen trotz weiter bestehender Gegensätze für möglich und nötig. Dazu gehörten etwa Georgij Arbatow, der Gründer des Instituts für USA- und Kanada-Studien, der Redenschreiber Anatolij Tschernjajew oder Andreij Alexandrow-Agentow, Breschnews Sicherheitsberater. Ihre größte Zeit kam 15 Jahre später, als die Langzeitwirkung der Entspannungspolitik sichtbar wurde und sie als Mitarbeiter Michail Gorbatschows für das Ende des Ost-West-Konflikts sorgten.

---

[7] Der Text des Moskauer Vertrags vom 12. 8. 1970 findet sich in: Peter Bender, Die „Neue Ostpolitik" und ihre Folgen. Vom Mauerbau bis zur Vereinigung, München ⁴1996, S. 299ff.
[8] Stefan Wiederkehr, Die Verwendung des Terminus „Kalter Krieg" in der Sowjetunion und Russland. Ein Indikator für den historischen Wandel der marxistisch-leninistischen Ideologie und ihrer Überwindung, in: Forum für osteuropäische Ideen und Zeitgeschichte 7 (2003), S. 53–83, hier S. 68.

Breschnews entspannungspolitische Grundorientierung wurde in der
sowjetischen Führung zunächst kontrovers diskutiert. Dass er sich schließlich
durchsetzen konnte, hing auch mit KGB-Chef Jurij Andropow zusammen.
Sein Gewicht im außenpolitischen Willensbildungsprozess nahm zu, und
er zielte in dieselbe Richtung wie Breschnew. Andropow hatte auch wesentlich für den frischen Wind der Intellektuellen in der Internationalen Abteilung des Zentralkomitees der KPdSU gesorgt. Seit Anfang 1968 hielt er die
Anbahnung kooperativer Beziehungen mit der Bundesrepublik für geboten:
„Wir müssen unser Haus in Europa bauen, und das geht nicht ohne
Deutschland."[9] Mit anderen Worten: Im Verhältnis zur Bundesrepublik
sollte es zu einem Abbau von Spannungen und zu einer Annäherung
kommen.

Wie dies konkret bewerkstelligt werden könnte, war zunächst unklar
und im Kreis der politischen Führungen der Warschauer Pakt-Staaten
auch umstritten. Uneinigkeit bestand vor allem darüber, ob bestimmte
Bedingungen erfüllt sein mussten, bevor Beziehungen mit der Bundesrepublik aufgenommen werden konnten, die über wirtschaftliche Zusammenarbeit
hinausgingen. Der rumänische Parteichef Nicolae Ceaușescu verneinte dies
rundheraus und entschied Anfang 1967 im Alleingang, diplomatische Beziehungen mit Bonn aufzunehmen. Auch der Ungar János Kádár und der
Bulgare Todor Schiwkow neigten zu dieser Position, gaben aber den Wünschen der Parteiführer nach, die nur unter besonderen Voraussetzungen zu
einer Normalisierung der Beziehungen zur Bundesrepublik bereit waren.
Dazu gehörten Władysław Gomułka und sein Nachfolger als Führer der
Polnischen Vereinigten Arbeiterpartei, Edward Gierek, sowie Walter Ulbricht
und seit 1971 Erich Honecker an der Spitze der SED. Die KP der Tschechoslowakei wurde zunächst von Antonín Novotný und Alexander Dubček
geführt, auf die nach der Niederschlagung des Prager Frühlings Gustav
Husák folgte, der vorrangig mit der inneren Stabilisierung befasst war und
außenpolitisch Zurückhaltung übte.

Neben diesem politischen Spitzenpersonal auf Parteiebene, das zwischen
1966 und 1975 siebenmal zu den Sitzungen des Politischen Beratenden
Ausschusses (den nach Bedarf einberufenen Gipfeltreffen des Warschauer
Pakts) zusammenkam, konnten von Fall zu Fall auch Regierungsvertreter
eine Rolle bei der Erstellung außenpolitischer Lageanalysen spielen. Zu
nennen ist hier etwa der langjährige ungarische Außenminister János Péter,

[9] Wjatscheslaw Keworkow, Der geheime Kanal. Moskau, der KGB und die Bonner
Ostpolitik, Berlin 1995, S. 29.

der seinem Ministerium zu einer gewissen Eigenständigkeit gegenüber dem Politbüro verhalf. Nicht zu vergessen sind die Militärs, deren Urteil über die Auswirkungen der Entspannungspolitik oft skeptischer ausfiel als das der politischen Führungen. Darin waren sie interessanterweise ihrem Pendant in der Bundesrepublik nicht unähnlich.

Alle Überlegungen über eine Annäherung zwischen der Bundesrepublik und den Staaten des Warschauer Pakts erforderten auf beiden Seiten einen nüchternen Blick auf die tatsächliche Lage. Anders formuliert: Entspannung zwischen Ost und West hing davon ab, ob ein ausreichendes Maß an Übereinstimmung in der Wahrnehmung der Realität bestand, die sich seit 1945 herausgebildet hatte. Der Beitrag der Bundesrepublik bestand zunächst einmal darin, deutschlandpolitisch umzudenken und sich dem internationalen Sprachgebrauch anzupassen. Die alte Formel, die eine Lösung der deutschen Frage zur Voraussetzung für Entspannung in Europa erklärt hatte, galt nicht mehr. Die Schrittfolge hatte sich umgekehrt. Nur nach einem Abbau der Ost-West-Spannungen und nach einer Überwindung der Teilung Europas war eine Überwindung der Teilung Deutschlands vorstellbar. Dies im öffentlichen Bewusstsein verankert zu haben, war nicht die geringste Leistung der Großen Koalition. Bundeskanzler Kiesinger suchte sich für diese Botschaft einen symbolträchtigen Termin aus. In einem Staatsakt zum „Tag der deutschen Einheit" bezeichnete er am 17. Juni 1967 ein irgendwann „wiedervereinigtes Deutschland" als eine „kritische Größenordnung". Daher sei es

„nur schwer vorstellbar, daß sich ganz Deutschland bei einer Fortdauer der gegenwärtigen Struktur in Europa der einen oder der anderen Seite ohne weiteres zugesellen könne. Eben darum kann man das Zusammenwachsen der getrennten Teile Deutschlands nur eingebettet sehen in den Prozess der Überwindung des Ost-West-Konflikts in Europa."[10]

Wer wollte, konnte darin ein Echo auf die oben erwähnten Ausführungen Präsident Johnsons, aber auch auf eine Erklärung des Warschauer Pakts heraushören. Dort wurde die „Frage der Vereinigung der beiden deutschen Staaten" am Rande erwähnt, wenn auch mit altbekannten Formulierungen, die 1966 in der Bundesrepublik noch weitgehend tabu waren. Der „Weg zu ihrer Verwirklichung" führe

---

[10] Boris Meissner (Hrsg.), Die deutsche Ostpolitik 1961–1970. Kontinuität und Wandel, Köln 1970, S. 206f.

„über die Entspannung, über die allmähliche Annäherung zwischen den beiden souveränen deutschen Staaten und über Abmachungen zwischen ihnen, über Abrüstungsvereinbarungen in Deutschland und in Europa"[11].

Wie genau es zu einer „Überwindung des Ost-West-Konflikts" kommen könnte, blieb selbstverständlich unklar. Vorerst lag der Zeitpunkt dafür in einer fernen Zukunft, und niemand konnte sich 1966/67 vorstellen, dass es schon in nur gut zwei Jahrzehnten soweit sein würde. In der gegebenen Situation stand die Politik vor der konkreten Aufgabe, auf der Basis eines wechselseitigen Gewaltverzichts für ein geregeltes Nebeneinander zu sorgen. Damit hörte die Bundesrepublik auf, sich als Frontstaat im Kalten Krieg gegen die Nachkriegsordnung zu stemmen. Jedes „Verlangen nach Veränderung des Besitzstandes in dem politisch hochempfindlichen Raum Europa" werde „allgemein als gefährlich empfunden," schrieb Diehl der Bundesregierung ins Stammbuch[12]. In „Wort und Tat" müsse sich daher der „deutsche Friedenswille" stärker als bisher manifestieren. Denn die internationale „Umwelt" werde nicht bereit sein, auch nur das „kleinste Risiko mit einem wiedervereinigten Deutschland, ja sogar nicht mit seinen Teilen einzugehen". Diehls Beschreibung der Lage enthielt die unwiderrufliche Einsicht, dass die Deutschen in zwei getrennten staatlichen Ordnungen auf einem gegenüber dem vergangenen Deutschen Reich[13] deutlich verkleinerten Territorium lebten. In der DDR entsprach dies der ohnehin gültigen Sprachregelung. Für die politische Psychologie in der Bundesrepublik war es dagegen kennzeichnend, dass erhebliche Teile von Politik und Öffentlichkeit noch Mühe hatten, Veränderungen und Verluste im Zuge des Zweiten Weltkriegs als gegeben zu betrachten. Was den einen als Verzichtspolitik und Aufgabe von Rechtspositionen erschien, nannten die anderen Tatsachen, vor denen man nicht die Augen verschließen konnte. Letzteres traf in der Bevölkerung zunehmend auf Zustimmung. Außenminister Brandt knüpfte Anfang 1969

[11] Die Bukarester Erklärung des Warschauer Pakts vom 5.7.1966 findet sich in: Dokumente zur Deutschlandpolitik, Reihe 4: 10. November 1958 bis 30. November 1966, Bd. 12/2: 1. Juni bis 30. November 1966, bearb. von Gisela Oberländer, Frankfurt a. M. 1981, S. 1061–1071, hier S. 1069f.
[12] So Diehl in einer „außenpolitischen Bestandsaufnahme" des Planungsstabs vom 5.1.1967; Akten zur Auswärtigen Politik der Bundesrepublik Deutschland 1967, Bd. 1: 1. Januar bis 31. März 1967, bearb. von Ilse Dorothee Pautsch u. a., München 1998, S. 460, Anm. 1. Das folgende Zitat aus einer weiteren Aufzeichnung Diehls („Außenpolitisches Aktionsprogramm der Großen Koalition") vom 10.3.1967 findet sich ebenda, Dok. 96: S. 460–463, hier S. 463.
[13] Vgl. Klaus Hildebrand, Das vergangene Reich. Deutsche Außenpolitik von Bismarck bis Hitler 1871–1945, München ²2008.

daran an. Er wollte sich nicht mehr darüber auseinandersetzen, „wie man
Realitäten interpretiert," und sah seine Aufgabe darin, „mit den Realitäten
fertig zu werden"[14]. In der jahrelangen Kontroverse, die sich an dieser Frage
entzündete, erklärte Helmut Schmidt 1972 „Realitätsbereitschaft" zum
Markenzeichen einer Politik, die einen Abbau von Spannungen auf der
Grundlage der bestehenden territorialen Nachkriegsordnung anstrebte[15].
    Die Bundesrepublik war zu diesem Zeitpunkt in eine neue Phase ihrer
Geschichte eingetreten. Auf die Gründungsphase in der Adenauer-Ära, als
Westbindung und Antikommunismus im Zeichen des Kalten Kriegs Hand in
Hand gingen, folgte nun eine „zweite formative Phase" mit innen-, deutsch-
land- und allgemein außenpolitischen Neuerungen[16]. Unübersehbar war ein
Wandel im Selbstverständnis der westdeutschen Politik. Die Bundesrepublik
hörte auf, sich als Provisorium zu verstehen. Stattdessen bildete sich eine
eigene westdeutsche Identität heraus. Die Selbstanerkennung als westdeutscher Teilstaat wiederum war die unerlässliche Voraussetzung dafür, die
Nachkriegsrealitäten zu respektieren und spezifisch westdeutsche Interessen
zu formulieren. Wirtschaftlich und militärisch war die Bundesrepublik in
den Europäischen Gemeinschaften und im Nordatlantikpakt fest verankert
und auf dieser Basis zu einer Mitführungsmacht im Westen aufgestiegen.
    Die Sowjetunion und ihre Verbündeten registrierten diese Veränderun-
gen mit großer Aufmerksamkeit. Eine Annäherung an die Bundesrepublik
erschien jetzt nicht nur politisch möglich. Sie versprach auch politische
und wirtschaftliche Vorteile. Das „Haus in Europa", von dem Andropow
gesprochen hatte, würde sich, wie Breschnew Brandt zu verstehen gab, am
besten in Kooperation der „beiden stärksten Völker Europas" errichten lassen[17]. Zwar reagierten die Warschauer Pakt-Staaten auf die Bonner Entspan-
nungs- und Kooperationsbereitschaft nicht einheitlich. Aufs Ganze gesehen
aber bestimmte die Sowjetunion einen Trend, der der Bundesrepublik eine

[14] So Brandt in einem Interview für die italienische Zeitung „Paese Sera" vom
6.2.1969; Pressemitteilungen der SPD vom 5.2.1969 (http://library.fes.de/cgi-
bin/digibert.pl?id=007090&dok=11/007090).
[15] Schmidt benutzte diesen Begriff in Abgrenzung von den Unionsparteien zur Charak-
terisierung der sozial-liberalen Ostpolitik; Stenographischer Bericht über die 172. Sitzung des Bundestags (6. WP) am 24.2.1972, S. 9920.
[16] Eckart Conze, Die Suche nach Sicherheit. Eine Geschichte der Bundesrepublik
Deutschland von 1949 bis in die Gegenwart, München 2009, S. 332.
[17] WBA, A8/91, Notizen Brandts vom 1.10.1970 über ein Gespräch mit einigen Schriftstellern, darunter Günter Grass und Heinrich Böll. Dort gab Brandt eine Äußerung
Breschnews wieder, die dieser anlässlich der Unterzeichnung des Moskauer Vertrags
getan habe: „Geben Sie doch zu, daß wir die beiden stärksten Völker Europas vertreten."

Vorreiterrolle im europäischen Entspannungsprozess bescherte. Der unverzichtbare Beitrag der Sowjetunion zu dieser Entwicklung bestand darin, dass auch sie von der realen Lage ausging. Dazu gehörten die Bindung West-Berlins an die Bundesrepublik, die europäische Integration und nicht zuletzt die dauerhafte Präsenz der USA in Westeuropa.

Entspannung in Europa konnte es nur geben, wenn sie den politischen und wirtschaftlichen Interessen entsprach. Am Anfang standen die wechselseitige Anerkennung der jeweiligen Sicherheitsinteressen und das Vertrauen darauf, dass von der Gegenseite kein Angriff drohte. Die Wahrnehmungsmuster wiesen in Ost und West bemerkenswerte Übereinstimmungen auf. Ältere Bedrohungsszenarien waren verblasst. Eine „sowjetische Aggression in Europa" sei nicht zu befürchten, meinte Bundeskanzler Kiesinger im Juli 1967. Die „Wucht der militärischen sowjetischen Macht" erschien ihm gleichwohl unheimlich[18]. In Moskau verwies Verteidigungsminister Andreij Gretschko auf die militärische Schlagkraft der NATO und wollte für das eigene Bündnis, selbst wenn er keine „unmittelbare Kriegsgefahr" gegeben sah, nicht zurückstehen[19]. Politisch entscheidend war, dass der „Frieden in Europa" im Urteil Breschnews „stabiler" geworden war[20]. Daran musste weitergearbeitet werden, denn: „Wir brauchen Frieden, Frieden und nochmals Frieden."[21]

Ganz ähnlich klang es in Bonn. Doch die Inhalte der Begriffe waren nicht ganz deckungsgleich. Übereinstimmung herrschte darin, dass Frieden wünschbar und auch möglich war. Wie er genau aussehen sollte, darüber gingen die Vorstellungen sowohl in der Großen Koalition als auch in der sozial-liberalen Regierung auseinander. Sollte es sich um einen vom Gleichgewichtsdenken geprägten Staatenfrieden handeln, der auf der Grundlage des Gewaltverzichts ein Nebeneinander von Ost und West ermöglichen würde? War die Entspannungspolitik eine „Fortsetzung der Gleichgewichtspolitik mit

[18] So Kiesinger gegenüber Staatspräsident de Gaulle am 12. bzw. 13.7.1967; Akten zur Auswärtigen Politik der Bundesrepublik Deutschland 1967, Bd. 2: 1. April bis 31. August 1967, bearb. von Ilse Dorothee Pautsch u. a., München 1998, Dok. 261: S. 1035–1047 (hier S. 1041) und Dok. 263: S. 1052–1063 (hier S. 1055).
[19] So Gretschko während einer Sitzung des Komitees der Verteidigungsminister des Warschauer Pakts am 22.12.1969; Vojtech Mastny/Malcom Byrne (Hrsg.), A Cardboard Castle? An Insider History of the Warsaw Pact 1955–1991, Budapest/New York 2005, S. 41.
[20] So Breschnew während des Warschauer Pakt-Gipfels in Prag am 25./26.1.1972; PHP, Party Leaders (www.php.isn.ethz.ch/collections).
[21] So Breschnew während des Treffens der KP-Chefs auf der Krim am 31.7.1972; PHP, Crimean Meetings (www.php.isn.ethz.ch/collections).

anderen Mitteln", wie es Helmut Schmidt formulierte[22]? Oder konnte mit
Frieden auch ein Zustand gemeint sein, der eine weitergehende Transformation des Ost-West-Konflikts hervorbringen würde, nämlich seine Zivilisie-
rung durch gesellschaftlichen Wandel infolge von wirtschaftlichen, wissen-
schaftlich-technologischen oder kulturellen Kontakten und Kooperationen?
Aus dem Frieden zwischen Staaten könnte, so die in eine ferne Zukunft
weisende Vision Willy Brandts, ein Frieden auch zwischen den Gesellschaften
werden – bis hin zur Aufhebung des Ost-West-Konflikts in einem wiedervereinigten Europa. Brandt stellte sich eine Entwicklung in Etappen vor.
Demnach befand man sich in der „ersten Etappe der notwendigen Normalisierung zwischen West und Ost". In dieser Anfangsphase handelte es sich
zwar nur „um die ersten Ansätze einer Friedensordnung unter den Staaten".
Dadurch aber seien „auf lange Sicht" Voraussetzungen geschaffen, „den
Status quo zum Besseren zu wenden. Europa wird sich verändern." Brandts
Blick in die Zukunft blieb vage, doch es bestand kein Zweifel, dass er mit
Wendung „zum Besseren" eine Veränderung zum Vorteil des Westens
meinte[23].

Als Brandt dies notierte, hatte sich Europa im Vergleich zur Mitte der
1960er Jahre bereits erheblich verändert. Das sichtbarste Zeichen dafür war
im Sommer 1973 der Beginn der zweiten Phase der KSZE in Genf. Diese
gesamteuropäische Konferenz unter Einbeziehung der USA und Kanadas
bot den Rahmen für einen umfassenden Dialog. Auch die neutralen und
außerhalb der Militärblöcke stehenden Staaten nahmen daran teil. Der
Ost-West-Konflikt lastete immer noch auf Europa, aber er wurde jetzt nicht
mehr nur konfrontativ ausgetragen, sondern zunehmend auch mit „kom-
munikativen Methoden"[24]. Kommunikation lautete seit den frühen 1960er

---

[22] AdsD, SPD-Parteivorstandsprotokolle 1970, Ausführungen Schmidts vor dem Partei-
rat der SPD am 13./14.11.1970.
[23] WBA, A3/513, Entwurf Brandts für eine Rede anlässlich des 100. Geburtstags von
Otto Wels am 15.9.1973. Diese für Brandts ostpolitischen Ansatz aufschlussreiche
Passage wurde in der publizierten Fassung der Rede nicht verwendet, um den Vorwurf des Revisionismus zu vermeiden. Der vollständige Text findet sich in: Iring
Fetscher (Hrsg.), Geschichte als Auftrag. Willy Brandts Reden zur Geschichte der
Arbeiterbewegung, Berlin/Bonn 1981, S. 150–164. Die Würdigung von Wels verband
Brandt mit Ausführungen zu Grundpositionen aktueller sozialdemokratischer Politik. Allerdings blieben Außen- und Sicherheitspolitik letztlich ausgespart. Allein die
innenpolitische Implikation der Ostpolitik wurde erwähnt: „Der Trennungsstrich zwischen Sozialdemokraten und Kommunisten bleibt scharf gezogen." (Ebenda, S. 152).
[24] Helga Haftendorn, Versuch einer Theorie der Entspannung, in: Sicherheitspolitik
heute 2/1975, S. 223–242, hier S. 232.

Jahren der Schlüsselbegriff, der im Westen gern gebraucht wurde, um zu zeigen, wie man vorgehen wollte. Gemeint war damit zunächst ganz elementar der Austausch von Informationen und Meinungen im direkten und regelmäßigen Kontakt. Spitzenpolitiker aus Ost und West konnten „Erfahrungen" machen, „wie man miteinander reden kann"[25]. Dies bot die Gelegenheit, politische Absichten zu erklären und Fehlwahrnehmungen zu verhindern. Dadurch nahmen die Kenntnisse übereinander zu und trugen zu differenzierten Vorstellungen vom anderen bei. Man war nun eher in der Lage, die Welt mit den Augen des anderen zu sehen beziehungsweise den Blick des anderen auf sich selbst zu beeinflussen.

Entspannungspolitik und Dialogbereitschaft bedingten einander. Von bescheidenen Anfängen aus entwickelte sich im Laufe der Jahre ein immer dichter werdendes Kommunikationsnetz, das Regierende, Diplomaten und Parteipolitiker ebenso umfasste wie Vertreter der Medien, der Wirtschaft oder der Wissenschaft und Kultur. Zwischen der Bundesrepublik und den Staaten des Warschauer Pakts entstand eine Begegnungspraxis, wobei sich Politiker trafen, die sich bisher nur aus Berichten Dritter kannten. Wie Ceauşescu oder Breschnew auftraten und argumentierten, konnten die außenpolitischen Akteure jetzt unmittelbar erfahren. Umgekehrt galt dasselbe, so dass die „West-Fremdheit" auf östlicher Seite abnahm[26]. Regelmäßiger brieflicher Kontakt, wie ihn die Bundeskanzler Brandt und Schmidt mit Breschnew auch außerhalb der diplomatischen Routine pflegten, kam hinzu. Bei der Kommunikationsanbahnung spielten Mittelsmänner oder persönliche Vertraute oft eine wichtige Rolle. Im mühsamen deutsch-polnischen Annäherungsprozess taten dies der Krupp-Manager Bertold Beitz und der ARD-Korrespondent Hansjakob Stehle. Hans-Jürgen Wischnewski knüpfte als Reisender der SPD in Sachen Entspannung in ganz Osteuropa Verbindungen. Nicht zu unterschätzen sind ferner die regelmäßigen informellen Kontakte von Angehörigen der sowjetischen Botschaft in Bonn mit Mitgliedern der im Bundestag vertretenen Parteien.

[25] AdsD, Dep. Bahr 301/2, Ausführungen Bahrs während einer Klausurtagung der Berliner SPD am 3. 10. 1970.
[26] Diesen Begriff gebrauchte Bahr nach einem Gespräch mit dem sowjetischen Ministerpräsidenten Kossygin. Akten zur Auswärtigen Politik der Bundesrepublik Deutschland 1970, Bd. 1: 1. Januar bis 30. April 1970, bearb. von Ilse Dorothee Pautsch u. a., München 2001, Dok. 98: S. 401–405, hier S. 403; so auch Brandt in seinem Bericht für den SPD-Parteivorstand am 14. 5. 1970; Willy Brandt. Berliner Ausgabe, Bd. 6: Ein Volk der guten Nachbarn. Außen- und Deutschlandpolitik 1966–1974, bearb. von Frank Fischer, Bonn 2005, Dok. 45: S. 336ff., hier S. 336.

Die Politik der Entspannung beflügelte nicht nur den Austausch zwischen Ost und West. Auch die bündnisinterne Kommunikation nahm zu, denn mit der neuen Intensität des west-östlichen Austauschs stieg auf beiden Seiten der Abstimmungs- und Beratungsbedarf. Der Warschauer Pakt führte 1969 Gremien ein, die der Integration im Bündnis dienen sollten. Breschnew lud seit 1971 die verbündeten Parteiführer zusätzlich zu den turnusmäßigen Gipfeltreffen des Warschauer Pakts zu Begegnungen auf der Krim ein. Im Westen hielt man vermehrte Konsultationen ebenso für notwendig, nicht zuletzt vor und während der KSZE. Dies geschah im Rahmen der NATO und einer neuen Institution der Europäischen Gemeinschaften, der 1970 eingerichteten Europäischen Politischen Zusammenarbeit, die für einen Moment sogar den Eindruck einer gemeinsamen Außenpolitik der EG aufkommen ließ. Auch spezifisch deutschlandpolitische Fragen, die im Zusammenhang mit der Ostpolitik der Bundesregierung auftraten, kamen dort zur Sprache, regelmäßig aber auch in der Bonner Vierergruppe, einem seit den 1950er Jahren bestehenden deutsch-amerikanisch-britisch-französischen Forum, dessen Bedeutung infolge der westdeutschen Entspannungsinitiativen sprunghaft anstieg.

Darüber hinaus diente Kommunikation als Oberbegriff für praktische Formen des Austauschs und der Kooperation auf verschiedensten Gebieten. Schon 1963 empfahl Brandt als Regierender Bürgermeister von Berlin „Verbindungen auch zum kommunistischen Osten" zu suchen und „soviel reale Berührungspunkte und soviel sinnvolle Kommunikationen wie möglich" herzustellen[27]. Auch als Außenminister plädierte er für „technische, wirtschaftliche, wissenschaftliche und geistige Kommunikationen" zwischen Ost und West. Dadurch werde das „Verständnis" für einander zunehmen[28]. Unausgesprochen in öffentlicher Rede blieb die Erwartung, auf diesem Weg auf östliche Gesellschaften einwirken zu können. Bahr war davon überzeugt, dass die Verhältnisse in den sich sozialistisch nennenden Ländern alles andere als stabil waren, und glaubte, den „Prozess der Wandlung im Ostblock fördern" zu können. Dazu seien „wirtschaftliche und kulturelle Kommunikationen [...] nützlich"[29].

Die mit der Sowjetunion und ihren Verbündeten gesuchte Kommunikation verfolgte also verschiedene Absichten zugleich. Kontakte zu pflegen und Dialoge zu führen diente zunächst gemeinsamen Zielen, auf längere Sicht aber auch eigenen Interessen. Das eine lief auf eine europäische Frie-

---

[27] So Brandt in Tutzing am 15.7.1963; DzD 4/9-2, S.567f.
[28] Willy Brandt, Friedenspolitik in Europa, Frankfurt a.M. 1968, S.145.
[29] AdsD, Dep. Bahr, 1 EBAA000030, Aufzeichnung Bahrs vom 13.11.1965.

densordnung im Sinne eines geregelten Nebeneinanders hinaus, wie sie auch der Sowjetunion vorschwebte; das andere auf einen westlich geprägten Frieden in einem Europa ohne Trennlinie zwischen Ost und West, was die Staaten des Warschauer Pakts gerade verhindern wollten. Hinter dem gemeinsamen Interesse an Entspannung in Europa verbargen sich gegensätzliche Zielsetzungen, die aus der Fortdauer des Ost-West-Konflikts herrührten. Kaum jemand hat dieser Ambivalenz prägnanter Ausdruck verliehen als der polnische Parteichef Gomułka. Kurz vor seinem Sturz sprach er „vom Anfang eines neuen Wegs, vom Ende des Kalten Kriegs": „Ein neues, unbeschriebenes Blatt liegt jetzt vor unseren Augen. Unsere Gegenspieler wollen das Blatt zu ihrem Vorteil beschreiben, wir zu unserem."[30] Nicht zum ersten Mal bewies Gomułka ein waches Gespür für die Brisanz der Ostpolitik. Die Bundesrepublik suche nach einer „Möglichkeit zur Vereinigung der deutschen Staaten"[31]. Das altbekannte Ritual, mit dem bisher die Überwindung der Teilung Deutschlands gefordert wurde, hatte sich aus Warschauer Perspektive in eine längerfristig angelegte operative Politik gewandelt – eine Einschätzung, die zum Beispiel im französischen Außenministerium durchaus geteilt wurde.

Diese Perzeption entsprach vollständig der Bonner Selbstwahrnehmung vom „dynamischen Charakter" der Ostpolitik[32]. Auch in öffentlichen Erklärungen hat die Bundesregierung damit nie hinter dem Berg gehalten. Die bloße „Aufrechterhaltung des Status quo" sei „keine Entspannung". „Kein Entspannungsprozess" könne „auf die deutsche Wiedervereinigung verzichten," unterstrich Bundeskanzler Kiesinger kurz nach seinem Amtsantritt[33]. Außenminister Brandt teilte diese Auffassung. Der Verzicht auf Gewalt und die Respektierung der Grenzen bedeuteten nicht, „daß alles so bleiben kann, wie es heute ist". Die „friedliche Perspektive der nationalen Einheit" könne nicht aufgegeben werden[34]. Diesem Verständnis von Ent-

---

[30] Überliefert wird Gomułkas Lageeinschätzung im September 1970 bei Mieczysław F. Rakowski, Dzienniki polityczne 1969–1971, Warschau 2001, S. 241.
[31] ANIC, Fond CC al PCR, Sectia Relatii Externe 77/1970, Gomułka in einer Unterredung mit Ceauşescu am 12.11.1970. Auch bei dieser Gelegenheit formulierte Gomułka, es werde „in der Geschichte Europas ein neues Blatt geschrieben".
[32] So Diehl in einer Aufzeichnung vom 1.2.1967; AAPD 1967/1, Dok. 40: S. 212–219, hier S. 216.
[33] Interview Kiesingers für die „Stuttgarter Nachrichten" am 28.2.1967; Dokumente zur Deutschlandpolitik, Reihe 5: 1. Dezember 1966 bis 20. Oktober 1969, Bd. 5/2: 1. Dezember 1966 bis 31. Mai 1967, bearb. von Gisela Oberländer, Frankfurt a. M. 1984, S. 654–657, hier S. 654.
[34] Stenographischer Bericht über die 141. Sitzung des Bundestags (5. WP) am 7.12. 1967, S. 7232.

spannung konnte der Warschauer Pakt nicht folgen. Auch hier erwartete
man Wandel und eine Zunahme von Austausch vor allem wirtschaftlicher
Art. Doch im Hinblick auf die politischen Systeme und die territoriale Nach-
kriegsordnung vertrat man ein statisches Verständnis von Entspannung.
Sie sollte Formen von Kooperation fördern, aber kein „Instrument zur
Überwindung der Teilung Europas" sein[35]. Daraus ergab sich ein fundamentaler „Gegensatz der Interessen", den Bahr in aller Deutlichkeit benannte:
„Das Hauptziel der sowjetischen Politik ist die Legalisierung des Status quo.
Das Hauptziel unserer Politik ist die Überwindung des Status quo."[36] Während die Sowjetunion im Innern und nach außen auf die Festschreibung
bestehender Strukturen und Machtverhältnisse pochte, wollte die Bundesrepublik im Rahmen ihrer Entspannungspolitik genau das Gegenteil erreichen. Die hegemoniale Stellung der Sowjetunion sollte zugunsten eines
größeren Handlungsspielraums ihrer Verbündeten abgebaut, das Macht-
monopol der kommunistischen Parteien durchlöchert und am Ziel der
deutschen Einheit festgehalten werden.

Jeder Abbau von Spannungen im Ost-West-Verhältnis führte sowohl in
der NATO als auch im Warschauer Pakt zu einem Nachlassen der Blockdisziplin. Was Bundeskanzler Brandt begrüßte[37], nahm Generalsekretär
Breschnew zum Anlass, auf eine „gründlichere Koordinierung" der Warschauer Pakt-Staaten „auf außenpolitischem Gebiet" zu drängen[38]. In den
zurückliegenden Jahren hatte Breschnew erfahren müssen, dass die sowjetische Führungsrolle nicht mehr widerspruchslos hingenommen wurde,
auch wenn sie letztlich behauptet werden konnte. In der internationalen
Wahrnehmung wurde der Sowjetunion unverändert ein herausgehobener
Status zugeschrieben. Die USA bezogen zwar die Volksrepublik China in

[35] Bericht von Eberhard Schulz, der für die DGAP an einer Konferenz west- und ost-
europäischer Institute für Internationale Beziehungen im Mai 1968 in Genf teilgenommen hatte und auf die gegensätzlichen Entspannungsbegriffe hinwies; BAK, B 492,
DGAP-Bestand, Studiengruppe für die deutschen Beziehungen zur Sowjetunion und
zu den übrigen Ländern des Ostens, Sitzung am 20.5.1968.
[36] Akten zur Auswärtigen Politik der Bundesrepublik Deutschland 1969, Bd. 2: 1. Juli
bis 31. Dezember 1969, bearb. von Franz Eibl und Hubert Zimmermann, München
2000, Dok. 295: S. 1030–1041, hier S. 1040. Ähnlich schon die Aufzeichnung Bahrs
vom 1.10.1968; Akten zur Auswärtigen Politik der Bundesrepublik Deutschland
1968, Bd. 2: 1. Juli bis 31. Dezember 1968, bearb. von Mechthild Lindemann und
Matthias Peter, München 1999, Dok. 324: S. 1278–1281, hier S. 1279.
[37] WBA, A8/91, Notizen Brandts zur Vorbereitung der Ministerbesprechung am
7.6.1970: „Normalisierung verändert Warschauer Pakt".
[38] So Breschnew in einem Schreiben an Ulbricht vom 16.10.1970; DzD 6/1, Dok. 202:
S. 789–793, hier S. 789.

ihr weltpolitisches Kalkül ein, und auch die Westeuropäer blickten bei ihren Ostbeziehungen nicht nur nach Moskau. Aber durchweg rangierte die Sowjetunion an erster Stelle, wenn es um Kernprobleme im Ost-West-Verhältnis ging. Allerdings war damit nicht gesagt, dass diese Machtstrukturen unveränderlich waren. Bahr wagte 1969 eine Prognose und hielt eine „Erosion" der imperialen Stellung der Sowjetunion nach Ablauf eines Jahrzehnts für vorstellbar. Für die Zwischenzeit empfahl er, mit langem Atem das Wechselspiel von Wandel und Stabilität durchzuhalten. Man solle Ost- und Westeuropa verklammernde Projekte entwickeln, um schrittweise einen Wandel einzuleiten. Doch dürfe man die sowjetische Herrschaft nicht offen herausfordern, damit in ausreichendem Maß für internationale Stabilität gesorgt wäre. Nur auf diese Weise könne man hoffen, das „Hauptziel" zu erreichen, nämlich die „Befreiung Osteuropas"[39].

Wie und ob diese Transformationsstrategie überhaupt in operative Politik umzusetzen war und nicht von vornherein auf der Stufe von Planungspapieren verharren musste, konnte sich nur Schritt für Schritt und in der Praxis erweisen. Am besten geeignet erschienen dafür die Wirtschaftsbeziehungen. Auf diesem Feld konnte ein ost-westliches „Kommunikationsnetz" entstehen[40], denn hier bestand ein beiderseitiges Interesse an Kooperation, sowohl für Teile der westdeutschen Wirtschaft, für die der Osthandel eine willkommene Ergänzung darstellte, als auch für die Sowjetunion, die ihre Rohstoffe auf westlichen Märkten absetzen wollte und zugleich Impulse zur Überwindung ihrer wirtschaftlichen Rückständigkeit benötigte. Außenminister Brandt sprach ganz offen über die Abhängigkeit der sowjetischen Supermacht vom Westen, um „wirtschaftlich voranzukommen und an der westlichen Technologie teilzuhaben"[41]. Wollte sie zu einer „modernen Industriegesellschaft" heranwachsen, konnte sie sich der damit verbundenen Entwicklung nicht entziehen, die „in Richtung auf Austausch, auf Kontakt, auf Öffnung" laufe[42].

[39] Zitiert wird aus den beiden Aufzeichnungen, die zu einem Treffen der amerikanischen, britischen und deutschen Planungsstäbe am 18. 4. 1969 in Washington vorliegen. NARA, RG 59, Lot 73 D 363, Subject and Country Files of the Policy Planning Council and the Planning and Coordination Staff 1967–1973, box 401, undatiertes Protokoll ohne Verfasser; TNA, FCO 49/265, Niederschrift des britischen Teilnehmers R.A. Burroughs vom 25. 4. 1969.

[40] So rückblickend der damalige Vorsitzende des Ost-Ausschusses der deutschen Wirtschaft und Präsident des Deutschen Industrie- und Handelstags: Otto Wolff von Amerongen, Der Weg nach Osten. Vierzig Jahre Brückenbau für die deutsche Wirtschaft, München 1992, S. 191.

[41] Brandt, Friedenspolitik, S. 124.

[42] Brandt vor den Führungsgremien der SPD am 2. 11. 1968; Brandt. Berliner Ausgabe, Bd. 6, Dok. 19: S. 208–217, hier S. 214.

Brandt glaubte nicht an die von Sozialwissenschaftlern vertretene Konver-
genztheorie, wonach sich kapitalistische und sozialistische Systeme notwendigerweise annäherten. Vielmehr war er davon überzeugt, dass sich die
Staatshandelsländer des Ostens zwangsläufig nach Westen orientieren müssten. Die Sowjetunion wünsche „ihrer eigenen Interessen wegen nicht nur
Konfrontation, sondern auch Kommunikation"[43].

Als Brandt diese Einschätzung vortrug, lag die Besetzung der Tschechoslowakei durch Truppen des Warschauer Pakts noch nicht lange zurück. Die
Sowjetunion hatte rücksichtslos von ihrer Militärmacht Gebrauch gemacht
und damit demonstriert, wie weit die politische Realität von den Zukunfts-
erwartungen führender Bonner Politiker entfernt war. Gleichwohl bildeten
sie den Hintergrund für eine Politik, deren Macher von der Möglichkeit graduellen Wandels zugunsten des Westens überzeugt waren. Die sowjetische
Führung werde nicht beides haben können, eine Modernisierung ihrer
Wirtschaft durch Kooperation mit dem Westen und die Konservierung ihrer
„engen Machtbeherrschungsinteressen"[44]. Brandt zeigte sich davon überzeugt, dass die kommunistisch regierten Länder die Auswirkungen der
Entspannungspolitik auf Dauer nicht würden ignorieren können. Der Prager
Frühling werde kein Einzelfall bleiben, sondern sich, wie Brandt gut drei
Jahre später in einem Interview mit Golo Mann vermutete, „in anderen
Ländern" und „in der Sowjetunion selbst" wiederholen. Das „Streben nach
mehr Unabhängigkeit und mehr Demokratie" komme auch aus Teilen der
kommunistischen Führungsschicht. Vielen „jungen Leuten" sei der sowjetische Kommunismus zu konservativ. Entsprechend anziehend erscheine die
europäische Sozialdemokratie. Die von ihr ausgehende „Ansteckungsgefahr"
werde von der sowjetischen Führung gefürchtet. Angesichts ihrer Ablehnung
von „allem, was sie Sozialdemokratismus nennen," bedürfe es seitens des
Westens größter Zurückhaltung. Man müsse hoffen, dass das „Unabhängig-
keitsstreben" im Osten nicht nachlässt, aber auch, dass es nach den Erfahrungen von 1968 „möglichst in Grenzen gehalten wird" und erst zu einem
Zeitpunkt an die Oberfläche tritt, an dem „auch in der Sowjetunion selbst
die starren und verkrusteten Formen aufgelockert werden können"[45].

---

[43] Willy Brandt, Plädoyer für die Vernunft. Deutsche Außenpolitik nach dem 21. August, in: Der Monat 21 (1969) H. 245, S. 22.
[44] Brandt. Berliner Ausgabe, Bd. 6, Dok. 19, S. 214.
[45] Schweizerisches Literaturarchiv, Bern, NL Golo Mann, A-2-1972-6, Aufzeichnung
Manns über sein Interview mit Brandt am 23. 3. 1972. Das folgende Zitat findet sich
ebenda.

Derartige Erwartungen, die auf eine künftige Verwestlichung im sowjetischen Machtbereich setzten und damit konträr zur Moskauer Politik des Macht- und Systemerhalts standen, äußerte der Bundeskanzler nur hinter verschlossenen Türen. Öffentlich durfte das sowjetische Imperium nicht in Frage gestellt werden, wollte man die immer noch in den Anfängen befindliche Annäherung zwischen Ost und West nicht gefährden. In der publizierten Fassung des Interviews wurden diese Äußerungen darum auch ausgespart[46]. Für den Augenblick und die nächste Zukunft sah sich Brandt gezwungen, die militärische Macht des Warschauer Pakts und das Vorgehen der Staatssicherheitsdienste in den Ostblockstaaten hinzunehmen. Darauf stützte die Opposition im Bundestag Vorhaltungen, die Bundesregierung gehe über die Verletzung der Menschenrechte hinweg. Der Visionär Brandt, der sich langfristig von der sanften Macht des wirtschaftlichen und kulturellen Brückenschlags nach Osten dessen Liberalisierung erhoffte, blieb im Verborgenen. Denn als verantwortlicher Akteur war er mit der harten Macht kommunistischer Diktaturen konfrontiert: „Wir wissen, wir können den Osteuropäern nicht helfen. Keiner kann ihnen machtmäßig helfen."

Hilfe war nur in einem längeren Prozess weiterer graduellen Wandels denkbar, in den die Staaten des Warschauer Pakts hineingezogen werden sollten. Voraussetzung dafür war der Abbau der „militärischen Konfrontation mit Ost-Europa". In der Vorstellung Bahrs wäre damit die Voraussetzung dafür geschaffen, dass die bestehenden wirtschaftlichen Verbindungen nicht nur weiter entwickelt werden, sondern auch eine spezifische Wirkung entfalten könnten:

„Eine systematische, aber nicht wahllose Erweiterung der wirtschaftlichen Ost-West-Beziehungen wird die Widersprüche in den kommunistisch regierten Ländern steigern und zu weiteren Modifikationen des Systems beitragen."

In dialektischer Verknüpfung von Wandel und Stabilität setzte er sogleich hinzu, es liege „auch im westlichen Interesse, daß diese Entwicklung keinen explosiven und nicht kontrollierbaren Umschlag erfährt"[47].

---

[46] Brandt antwortete auf die Frage, ob er glaube, „daß der so genannte Ostblock in einer vernünftig abzusehenden Zeit noch als das bestehen wird, wie es heute ist": „Nein, aber es fällt schwer, dazu, anders als in einem solchen vertraulichen Gespräch, alles zu sagen, was man denkt. Weil ich das so nicht irgendwo veröffentlicht sehen möchte." Ebenda. Für die publizierte Fassung des Interviews: Dagobert Lindlau (Hrsg.), Dieser Mann Brandt. Gedanken über einen Politiker von 35 Wissenschaftlern, Künstlern und Schriftstellern, München 1972, S. 173–187.
[47] AdsD, Dep. Bahr 439, Bahr an Kissinger vom 14. 4. 1973; das folgende Zitat findet sich ebenda.

Wie genau die gewünschte „Entwicklung" gesteuert werden könnte, um
Wandel zunächst zu induzieren und dann in geordneten Bahnen zu halten,
musste im Dunkel der Zukunft bleiben. Was dagegen klar vor Augen stand
und die Aussichten auf eine stärkere Ökonomisierung der Ost-West-Beziehungen
für die nächste Zeit recht gering erscheinen ließ, war die Fortdauer
der militärischen Konfrontation. Der sowjetischen Führung war zwar an
Entspannung in Europa gelegen, zur Sicherung des Sowjetimperiums wollte
sie aber auf den Erhalt und den Ausbau militärischer Macht keinesfalls verzichten.
Auch wenn die „politische Gefahr eines Angriffs" praktisch ausgeschlossen
werden konnte, so war die Sowjetunion als der „potentielle
Angreifer" doch „militärisch stark genug geblieben, konventionell und
atomar". Nach wie vor blieb im Verhältnis zur Sowjetunion die „Machtfrage"
von entscheidender Bedeutung[48]. Gemeint war damit militärisch fundierte
Macht, die nur den USA, nicht aber der Bundesrepublik in ausreichendem
Maß zur Verfügung stand.
    Bahrs Analysen ließen beides erkennen: Seine Wahrnehmung des internationalen
Kräftefelds und die darüber hinausweisenden Erwartungen, die
er mit der Entspannungspolitik verband. Demnach war Entspannung in
Europa zum einen ein Projekt, das auf gleichlaufenden Interessen der beteiligten
Akteure beruhte. Übereinstimmung herrschte in dem Wunsch nach
Deeskalation von Konflikten und kooperativen Wirtschaftsbeziehungen;
zudem in der Wahrnehmung, dass alle Beteiligten dem Prinzip des Gewaltverzichts
verpflichtet waren. Zugleich handelte es sich zum anderen um ein
Projekt mit unterschiedlichen Begriffen von Entspannung und gegensätzlichen
Erwartungen. Das vertraglich geregelte Nebeneinander änderte
nichts an der Unvereinbarkeit von Grundpositionen, die den Ost-West-Konflikt
andauern ließen. Angesichts der Gleichzeitigkeit von Kooperation
und Konflikt bezeichnete Entspannung einen Zustand, bei dem „die Zeiten
des Kalten Krieges alter Prägung" der Vergangenheit angehörten[49], von einer
konsolidierten europäischen Friedensordnung aber nicht gesprochen werden
konnte.

---

[48] AdsD, Dep. Bahr 439, Vermerk Bahrs für Brandt und Scheel vom 4.5.1973 über
seine Gespräche mit Kissinger am 30.4., 1.5. und 2.5.1973.
[49] So Brandt in einem Interview für die italienische Zeitung „Paese Sera" vom 6.2.
1969; Pressemitteilungen der SPD vom 5.2.1969 (http://library.fes.de/cgi-bin/digibert.
pl?id=007090&dok=11007090).

4. Weichenstellungen in Ost und West 1966 bis 1969

Bis Mitte der 1960er Jahre konnte von Beziehungen im Sinne von Kontakt und Austausch zwischen der Bundesrepublik und dem östlichen Europa keine Rede sein. Zwar nahmen die Bundesrepublik und die Sowjetunion 1955 diplomatische Beziehungen auf, doch fiel dies mit der Formierung der Blöcke im Kalten Krieg zusammen. Dem Westen anzugehören und sich vom Osten abzugrenzen war für die junge Bundesrepublik die Grundvoraussetzung ihrer staatlichen Existenz. Im Gegenzug erhielt sie von den drei Westmächten Rückendeckung, wenn sie die Nachkriegsordnung mit zwei deutschen Staaten und einer an Oder und Neiße verlaufenden polnischen Westgrenze ablehnte. Daraus ergab sich ein Stillstand, den 1958/59 beide Seiten überwinden wollten, allerdings mit unterschiedlichen Mitteln. Bundeskanzler Adenauer sondierte mit Hilfe von Geheimkontakten, ob die Sowjetunion als Gegenleistung für eine Respektierung des Status quo bereit sei, ihr Regime in der DDR zu lockern. Chruschtschow dagegen wollte mit einem Berlinultimatum eine Regelung der deutschen Frage erzwingen. Bei allen Gegensätzen zeichnete sich deutlich ab, dass Bewegung im Ost-West-Verhältnis nur denkbar war, wenn beide Seiten von der bestehenden Lage ausgingen. Wie schon oben gesehen, wurde diese Entwicklung mit dem Bau der Mauer in Berlin eingeleitet. Sie symbolisierte die Trennung zwischen Ost und West, erwies sich aber zugleich als Ausgangspunkt für eine Beruhigung der Konfrontation: Zum einen, weil die DDR in ihrem Bestand gesichert erschien; zum anderen, weil im Westen von der Realität eben dieser DDR ausgegangen werden musste.

Man müsse bereit sein, „die Tatsachen neu zu analysieren", empfahl Gerhard Schröder (CDU) im November 1963 als Außenminister der Regierung Erhard. Schröder hatte dieses Amt schon im letzten Kabinett Adenauer bekleidet und war mit der Errichtung einer Handelsmission in Warschau im März 1963 einen ersten Schritt der Annäherung an Polen gegangen. Jetzt wollte er diesen Kurs fortsetzen und plädierte dafür, sich von der bisherigen „Politik der Starre" und des „Festungsdenkens" zu lösen. Geboten sei eine „Politik der Bewegung"[1]. Wie diese im Einzelnen aussehen sollte, blieb unklar.

---

[1] So Schröder in einem Radiointerview am 4. 11. 1963; Franz Eibl, Politik der Bewegung. Gerhard Schröder als Außenminister 1961–1966, München 2001, S. 415.

Entscheidend war, dass die Bundesregierung grundsätzlich bereit war, auf dem Feld der Ost-West-Beziehungen „durch eine Politik der Bewegung nach neuen Wegen zu suchen"[2]. Bonn war gut beraten, das Verhältnis zu seinen östlichen Nachbarn zu verbessern. Denn andernfalls hätte sich die Bundesregierung gegen den 1963 verschiedentlich erkennbaren Willen zur Ost-West-Entspannung gestellt und sich damit isoliert. Der amerikanische Außenminister hatte im Unterschied zur Bundesregierung keine Bedenken gegen die vom West-Berliner Senat ausgehandelte Passierscheinregelung und rechnete damit, „daß sich Kontakte mit dem Osten zugunsten des Westens auswirken müssten"[3].

Wenn Beziehungen mit den Ländern des Warschauer Pakts entwickelt werden sollten, bot sich das Feld an, auf dem die Bundesrepublik etwas zu bieten hatte und auch schon jenseits des Eisernen Vorhangs präsent war, nämlich die Wirtschaft. Seit Ende der 1950er Jahre beschickten westdeutsche Unternehmen vor allem der Eisen- und Stahlindustrie, der Chemie und der Elektrotechnik Messen in verschiedenen osteuropäischen Ländern. Zwischen Oktober 1963 und März 1964 wurden Handelsvertretungen in Rumänien, Ungarn und Bulgarien eingerichtet. Bald besuchten auch Vertreter des Auswärtigen Amts die Ostmessen, was die Gelegenheit zum Meinungsaustausch mit den jeweiligen politischen Führungen bot. Anlässlich der Deutschen Industrieausstellung 1965 in Bukarest sprach Staatssekretär Rolf Lahr von einem „Meilenstein" auf dem Weg zu engeren Beziehungen zwischen beiden Ländern, ungeachtet der politischen, sozialen und wirtschaftlichen Gegensätze[4]. Gut ein Jahr später nutzte Lahr getreu der Linie, „mit der Wirtschaft Politik zu machen"[5], den „Deutschen Tag" auf der Messe in Plovdiv zu politischen Gesprächen mit bulgarischen Regierungsmitgliedern und Parteivertretern.

---

[2] So Schröder schon am 20.9.1963 zum amerikanischen Außenminister Rusk; Akten zur Auswärtigen Politik der Bundesrepublik Deutschland 1963, Bd.2: 1.Juni bis 30.September 1963, bearb. von Mechthild Lindemann und Ilse Dorothee Pautsch, München 1994, Dok. 349: S. 1158–1173, hier S. 1160.
[3] So Rusk zu Schröder am 28.12.1963; Akten zur Auswärtigen Politik der Bundesrepublik Deutschland 1963, Bd.3: 1.Oktober bis 31.Dezember 1963, bearb. von Mechthild Lindemann und Ilse Dorothee Pautsch, München 1994, Dok. 487: S.1680–1688, hier S.1682 und S.1686.
[4] Rede Lahrs in Bukarest am 18.5.1965; Christiane Fritsche, Schaufenster des „Wirtschaftswunders" und Brückenschlag nach Osten: Westdeutsche Industriemessen und Messebeteiligungen im Kalten Krieg (1946–1973), München 2008, S.531, Anm. 567.
[5] So Lahr am 2.10.1966 an seinen Bruder; Rolf Lahr, Zeuge von Fall und Aufstieg. Private Briefe 1934–1974, Hamburg 1981, S.449.

Wirtschaftsdiplomatie war allerdings vor allem bei Ländern wie Rumänien oder Bulgarien, die mit der Bundesrepublik keine bilateralen Konflikte hatten, ein probates Mittel zur Annäherung. Ganz anders stand dies im Fall Polens, das die Anerkennung seiner Westgrenze forderte, oder der Tschechoslowakei, die von Anfang an eine Erklärung über die Ungültigkeit des Münchener Abkommens verlangte. Noch gravierender nahm sich der Konflikt mit der Bundesrepublik aus der Sicht der DDR aus, denn hier ging es letztlich um Alles oder Nichts, da die Bundesregierung die Legitimität des Regimes offen in Frage stellte. Wirtschaftsbeziehungen, wie sie seit jeher zwischen der Bundesrepublik und der DDR bestanden, oder die Präsenz westdeutscher Firmen auf den Industriemessen in Posen, Brünn oder Moskau halfen politisch kaum weiter, zumal die Regierung Erhard, die die Formalisierung von Handelsbeziehungen mit dem östlichen Europa durchaus als Versuch verstand, „aus der starren und feindseligen Position herauszukommen"[6], am Alleinvertretungsanspruch festhielt und Ostpolitik an der DDR vorbei mit dem Ziel ihrer Isolierung betreiben wollte.

An dieser Grundposition hielt die Bundesregierung auch fest, als sie im März 1966 in ihrer so genannten Friedensnote „einige Vorschläge zur Abrüstung, Rüstungskontrolle und europäischen Sicherheit" machte[7]. Kern dieser diplomatischen Initiative war der an die Sowjetunion und ihre Verbündeten mit Ausnahme der DDR gerichtete Vorschlag, Gewaltverzichtserklärungen auszutauschen. Sondierungen in dieser Richtung hatte schon im September 1965 Karl Carstens unternommen. Als Staatssekretär im Auswärtigen Amt besuchte er die Moskauer Chemiemesse, wo westdeutsche Aussteller gut vertreten waren, um ganz gezielt mit sowjetischen Regierungsvertretern ins Gespräch zu kommen. Den wechselseitigen Gewaltverzicht, der bei dieser Gelegenheit zur Sprache kam, als Ausgangspunkt für eine Normalisierung der Beziehungen zu wählen, war ein weiterführender Gedanke, der schließlich beibehalten wurde und Eingang in die Jahre später geschlossenen Ostverträge fand. Allerdings war die Bundesregierung 1966 noch nicht bereit, die DDR als Staat anzuerkennen, so dass die Note erst gar nicht nach Ost-Berlin geschickt wurde und infolgedessen bei den osteuropäischen Regierungen keine positive Resonanz auslöste. Ganz im Gegenteil: In der Bukarester Erklärung des Warschauer Pakts war im Juli 1966 von „militaristischen und revanchistischen Kräften Westdeutschlands" die

---

[6] Bundeskanzler Erhard im Gespräch mit dem Under Secretary im State Department, Ball, am 12.11.1963; AAPD 1963/3, Dok. 412: S. 1434–1437, hier S. 1434.
[7] Abgedruckt in: Außenpolitik der Bundesrepublik Deutschland, Dok. 76: S. 295–298.

Rede. Die Ostblockstaaten forderten die „Anerkennung der real bestehenden Grenzen" in Europa, also das, was die Bundesregierung um keinen Preis leisten wollte: die Anerkennung der DDR. Hinzu kamen weitere Forderungen, die sich geradezu konträr zur Bonner Friedensnote ausnahmen. Immerhin aber regte der Warschauer Pakt die Herstellung normaler Beziehungen auch zwischen Staaten unterschiedlicher Gesellschaftsordnung an. Dabei wollte man auf „Androhung oder Anwendung von Gewalt" verzichten und bezeichnete die „Festigung des Friedens und der Sicherheit in Europa" als politisches Ziel. Zu diesem Zweck sollte eine „Konferenz zu Fragen der europäischen Sicherheit und Zusammenarbeit" einberufen werden[8].

Auf den ersten Blick entsprach der Warschauer Pakt der im Westen gängigen Vorstellung vom Ostblock. Tatsächlich aber konnte von einer Geschlossenheit des Bündnisses nur bedingt gesprochen werden. Besonders deutlich ließ Rumänien sein Verlangen nach Eigenständigkeit erkennen. Seine Vertreter hatten nicht nur darauf bestanden, dass in der Bukarester Erklärung der Rückzug von fremden Truppen – also auch der Roten Armee – aus allen europäischen Staaten gefordert wurde, sondern auch darauf, dass die „Kreise" erwähnt wurden, die in der Bundesrepublik „gegen Revanchismus und Militarismus auftreten". Denn mit ihnen konnte man zum eigenen Vorteil wirtschaftliche und politische Beziehungen unterhalten. Prompt wandte sich Polen schon im Vorfeld des Bukarester Treffens gegen die „milde Bewertung" der Bonner Politik, die Rumänien „besonders unter dem Aspekt des wirtschaftlichen Vorteils" vornehme[9].

Anfang September 1966 führte Wirtschaftsminister Kurt Schmücker (CDU) Gespräche in der rumänischen Hauptstadt. Nur der Sturz der Regierung Erhard verhinderte, dass Außenminister Schröder die Aufnahme diplomatischer Beziehungen mit Rumänien als Erfolg seiner Ostpolitik verbuchen konnte. Dieser fiel dann seinem Nachfolger Willy Brandt als Außenminister der Großen Koalition in den Schoß. Zuvor hatte Rumänien die Initiative ergriffen. Ende Januar 1967 reiste Außenminister Corneliu Manescu nach Bonn, um den Austausch von Botschaftern zu besiegeln. Die

[8] DzD 4/12-2, S. 1062ff. und S. 1069f.; das folgende Zitat findet sich ebenda, S. 1066.
[9] So Marian Naszkowski, stellvertretender polnischer Außenminister, während eines Außenministertreffens (6.6.–17.6.1966) des Warschauer Pakts in Moskau; Wanda Jarząbek, Die Volksrepublik Polen in den politischen Strukturen des Warschauer Vertrags zu Zeiten der Entspannung und der „Ostpolitik", in: Torsten Diedrich/ Winfried Heinemann/Christian F. Ostermann (Hrsg.), Der Warschauer Pakt. Von der Gründung bis zum Zusammenbruch 1955 bis 1991, Berlin 2009, S. 133–148, hier S. 136.

Annäherung zwischen der Bundesrepublik und Rumänien beruhte auf klar definierten Interessenlagen. Die Bundesrepublik erlangte Präsenz im Osten, ohne irgendwelche Vorbedingungen erfüllen zu müssen, wie sie der Warschauer Pakt einige Monate zuvor noch gestellt hatte. Rumänien versprach sich einen weiteren Ausbau der Wirtschaftsbeziehungen mit der Bundesrepublik, die schon 1967 der wichtigste Handelspartner nach der Sowjetunion war. Vor allem aber demonstrierte Bukarest seinen Drang nach Unabhängigkeit und Eigenständigkeit.

Vor dem Hintergrund der seit November 1966 laufenden deutsch-rumänischen Kontakte stellte man sich am Rhein schon auf eine Kettenreaktion ein. Die Eröffnung von Botschaften auch in anderen Warschauer Pakt-Staaten schien nur eine Frage der Zeit zu sein. Doch zeigte sich sehr rasch, dass Rumänien ein „Sonderfall" war[10] und dass dem Bonner Wunsch nach Annäherung ohne Vorleistungen längst nicht überall entsprochen wurde. Insbesondere Polen und die DDR fürchteten einen westdeutschen Gewinn auf diplomatischem Terrain, ohne dass die Bundesrepublik zu einer Aussage über die Endgültigkeit der europäischen Grenzverläufe genötigt wäre. Vergeblich hatte Polen versucht, alle Bündnispartner auf eine gemeinsame Linie in der Deutschlandpolitik festzulegen. Als bei einem polnisch-sowjetischen Gipfeltreffen Mitte Januar 1967 Breschnew zugeben musste, keine Handhabe gegen Rumänien zu haben, zugleich aber gute Möglichkeiten sah, die „anderen" von Alleingängen abhalten zu können, forderte der polnische Außenminister Adam Rapacki „Man muss sie zurückhalten."[11] Dies gelang auch, als die Außenminister des Warschauer Pakts schon am 8. Februar zu einer Konferenz in Warschau zusammentrafen und Eckpunkte festlegten, die als Voraussetzung für die Aufnahme von Beziehungen zur Bundesrepublik gelten sollten. Worum es dabei ging, hatte am Vortag schon der sowjetische Botschafter in Bonn mitgeteilt. Die Bundesrepublik müsse ihre Beziehungen zur DDR „normalisieren, d.h. die DDR anerkennen". Nur unter dieser Voraussetzung seien „wirklich gute Beziehungen" zwischen Bonn und Moskau möglich[12]. Darüber hinaus sollte die Bundesrepublik die Oder-Neiße-Linie als polnische Westgrenze anerkennen, ferner für alle Zeit auf Atomwaffen

---

[10] Brandt, Begegnungen und Einsichten, S. 224.
[11] Zit. nach Wanda Jarząbek, „Ulbricht-Doktrin" oder „Gomułka-Doktrin"? Das Bemühen der Volksrepublik Polen um eine geschlossene Politik des kommunistischen Blocks gegenüber der westdeutschen Ostpolitik 1966/67, in: Zeitschrift für Ostmitteleuropa-Forschung 55 (2006), S. 79–115, hier S. 96.
[12] So Botschafter Zarapkin zu Staatssekretär Schütz am 7. 2. 1967; AAPD 1967/1, Dok. 46: S. 235 ff., hier S. 235.

verzichten und das Münchener Abkommen für ungültig von Anfang an erklären. Dieser Katalog, auf den neben Polen vor allem die DDR gedrängt hatte, ging als Ulbricht-Doktrin in die Geschichte ein, obwohl aufgrund der Rolle Polens bei seinem Zustandekommen eher die Bezeichnung Gomułka-Doktrin zutrifft. Im Unterschied zur DDR konnte Polen auch in westlichen Ländern für seine Position werben. So forderte Rapacki in London, die Deutschen aller „Illusionen" zu berauben und für eine unzweideutige Anerkennung der bestehenden polnischen Westgrenze einzutreten. Dies wäre „äußerst wertvoll". Nur wenig konnte Rapacki damit anfangen, dass sein britischer Amtskollege die Grenze als unbezweifelbare „Realität" bezeichnete. Seine Frage, ob Polen „die Realität oder Worte"[13] wolle, eröffnete aus Sicht Rapackis eine falsche Alternative – sein Land wollte keine „Worte", sondern Garantien, dass die Bundesrepublik die „Realität" nicht mehr rückgängig machen würde.

Was für Polen und die DDR als momentaner Erfolg gelten konnte, war für andere eine an Demütigung grenzende Zurückweisung, die zudem überraschend und unerwartet kam. Denn in den Wochen zuvor hatte die Sowjetunion durchblicken lassen, es gebe keine Einwände gegen die Aufnahme von Beziehungen mit der Bundesrepublik. Erst als eine Zerreißprobe im Bündnis drohte, steuerte Moskau um und gab den polnischen und ostdeutschen Wünschen nach. Betroffen waren vor allem Ungarn und Bulgarien. Der ungarische Außenminister Péter hatte gerade ein Entspannungskonzept entwickelt, das die regionale Kooperation der Donauanrainer vorsah. Verhandlungen mit der Bundesrepublik über die Aufnahme diplomatischer Beziehungen waren im Gange. Jetzt zwang das „Warschauer Diktat", das von der Parteispitze der ungarischen Kommunisten einhellig abgelehnt wurde, Ungarn in die Blockdisziplin des Warschauer Pakts. Parteichef Kádár betrachtete die Warschauer Erklärung nicht als „offizielles Dokument des Warschauer Pakts". Sie sei „nicht gesund und nicht gut" und entspreche nicht den gegenwärtigen „Anforderungen", so dass erneute Beratungen und bündnisinterne Abstimmungen erforderlich seien. Fürs Erste aber werde Ungarn sich fügen. Nehme man eine Güterabwägung vor, so seien „gewisse Kompromisse" unvermeidbar. „Aber das ist immer noch besser, als wenn wir uns in zwei oder drei Gruppen gespalten hätten. Das wäre eine Unmöglichkeit!"[14]

---

[13] TNA, Prem 13/1699, Unterredung zwischen den Außenministern Brown und Rapacki am 21.2.1967.
[14] MOL, M-KS-288.F.5/417.ö.e; Sitzung des Politbüros am 13.2.1967.

Für die Bundesregierung kam es nun darauf an auszuloten, wie die Ost-West-Beziehungen verbessert werden könnten, ohne die Maximalforderungen der anderen Seite erfüllen zu müssen. Vorrangig war auf jeden Fall, darüber mit der Sowjetunion in ein Gespräch zu kommen. Auch wenn Moskau, wie sich am Beispiel Polens und der DDR und erst recht Rumäniens gezeigt hatte, die Eigeninteressen seiner Verbündeten nicht mehr nach Belieben übergehen konnte, so gab es doch keinerlei Zweifel daran, wo im Warschauer Pakt letztlich die Richtung der Westpolitik bestimmt wurde. In langwierigen diplomatischen Sondierungen darüber, unter welchen Voraussetzungen Gespräche über einen wechselseitigen Gewaltverzicht aufgenommen werden könnten, trat man zunächst auf der Stelle. Für die Bundesregierung kam der von ihr geforderte harte deutschlandpolitische Schnitt nicht in Frage. Zu einer staatsrechtlichen, geschweige denn völkerrechtlichen Anerkennung der DDR war sie nicht bereit. Noch nicht einmal die offizielle Bezeichnung des ostdeutschen Staates hatte bis dahin Eingang in den Bonner Sprachgebrauch gefunden. Selbst Bahr als Vordenker einer neuen Ostpolitik sprach im Februar 1967 überwiegend von der „Zone"[15]. Noch deutlicher drückte sich der Leiter des Planungsstabs im Auswärtigen Amt aus. Der Vertraute von Bundeskanzler Kiesinger suchte gleichwohl nach pragmatischen Lösungen. Er hielt es für möglich, „dem Regime in der SBZ eine gewisse Geschäftsfähigkeit" zuzubilligen[16]. Der Bundeskanzler versuchte, diese Position der Sowjetunion schmackhaft zu machen, indem er einräumte, ‚im anderen Teil Deutschlands" bestehe eine „politische Organisation" mit „allem, was zu den Charakteristika eines Staats" gehört. „Beziehungen" auf unterer Ebene seien denkbar, aber eine Anerkennung komme nicht in Frage[17].

Damit konnte sich die Sowjetunion zwar nicht einverstanden erklären. Wie sich aber herausstellen sollte, war sie letztlich damit zufrieden, wenn die DDR als Staat nicht mehr ausgegrenzt wurde. Ihre völkerrechtliche Anerkennung erschien in Moskau weniger wichtig als ein Ausgleich zwischen Ost und West unter sowjetischer Federführung, und zwar zu Bedingungen, die für die Bundesrepublik akzeptabel waren. Als Schritt in diese Richtung griff die Sowjetunion im Oktober 1967 den Bonner Vorschlag auf, über

---

[15] AAPD 1967/1, Dok. 65: S. 314f. Einmal gebrauchte Bahr in seinem Vermerk vom 22.2.1967 die Bezeichnung DDR, an zwei Stellen sprach er von der „Zone".
[16] So Ministerialdirektor Diehl in einer Aufzeichnung vom 10.3.1967; AAPD 1967/1, Dok. 96, S. 462.
[17] So Kiesinger zum sowjetischen Botschafter Zarapkin am 8.2.1967; AAPD 1967/1, Dok. 47: S. 237–248, hier S. 245.

einen möglichen Austausch von Gewaltverzichtserklärungen nachzudenken. Dies geschah in Form von Notenwechseln, die eher an ein Duell als an einen Dialog erinnerten. Was aus westdeutscher Sicht zählte, war aber die Tatsache, dass der zentrale entspannungspolitische Austausch, der nur mit der Sowjetunion stattfinden konnte, auf kleiner Flamme in Gang gekommen war.

Parallel dazu konnte der frische Kontakt mit Rumänien weiterentwickelt werden. Außenminister Brandt hatte im August 1967 zum ersten Mal Gelegenheit, mit den Repräsentanten eines sozialistischen Staates in zwangloser Atmosphäre und ohne Zeitdruck zusammenzutreffen und Einblicke in eine noch immer fremde Welt zu gewinnen. Als Höhepunkt verbuchte er die Begegnung mit Ceauşescu, der ihn in seiner palastartigen Villa am Schwarzen Meer empfing. Noch nie hatte es einen derart ausführlichen Meinungsaustausch mit einem kommunistischen Parteiführer gegeben. Hier kamen zwei Politiker zusammen, die ideologische Feinde waren, die aber für einen Aufbruch in den Ost-West-Beziehungen standen. Beiden ging es um die Schaffung eines neuen europäischen Sicherheitssystems. Sie stimmten auch darin überein, dass zunächst einmal Bewegung in die deutsche Frage kommen müsse. Erreichbar erschien dies, wenn es gelang, die DDR so in die internationale Politik einzubeziehen, dass sowohl der Warschauer Pakt als auch die Bundesrepublik damit leben konnten. Beide waren sich nicht zuletzt darin einig, dass an der Perspektive einer Vereinigung der beiden deutschen Staaten festzuhalten sei. Brandt sprach vorsichtig von den Bemühungen der Bundesregierung um einen Modus vivendi im deutsch-deutschen Verhältnis. Ceauşescu entwarf ein Szenario, das die spätere Entwicklung recht gut vorwegnahm. Es sei gegenwärtig „von der Tatsache des Bestehens zweier deutscher Staaten auszugehen". Der Widerstand der Bundesrepublik gegen die „Teilnahme der DDR an der internationalen Kommunikation" sei ein Hemmschuh für die europäische Politik. Die Bundesrepublik müsse „Mut und Initiative" zeigen. Sie könne „eine wichtige Rolle für die europäische Sicherheit spielen, wenn sie mutig vorgehe und eine Entwicklung einleite, die ohnehin unvermeidbar sei"[18].

Schließlich gab es einen deutsch-rumänischen Berührungspunkt in einer außenpolitischen Grundsatzfrage. Entspannungspolitik sollte die Blockkonfrontation entschärfen und den Bewegungsspielraum der Staaten in Ost- und Westeuropa erhöhen. Nach einem längeren Prozess der Annäherung

---

[18] Aufzeichnung Brandts vom 7.8.1967 über sein Treffen mit Ceauşescu am 5.8. 1967; AAPD 1967/2, Dok. 293: S.1169–1172, hier S.1170; das folgende Zitat findet sich ebenda.

könnte sie zu einer europäischen Friedensordnung führen. Zum gegenwärtigen Zeitpunkt aber musste jede Entspannungsinitiative auf der Grundlage der bestehenden Bündnisverpflichtungen erfolgen. Brandt sprach von der „Notwendigkeit, unsere Bündnis- und Entspannungspolitik in ausgewogenem Verhältnis zu halten". Ceaușescu nannte als Fernziel die „Abschaffung der Militärblöcke". Er war aber Realist genug, die Zugehörigkeit Rumäniens zum Warschauer Pakt nicht in Frage zu stellen. Um dies zu bekräftigen, informierte der rumänische Parteiführer kurz darauf den sowjetischen Botschafter über die Ergebnisse von Brandts Besuch. Dabei regte er ein Arbeitstreffen mit den „sowjetischen Genossen" an, um sich „inoffiziell", vielleicht „sogar vertraulich" über die internationale Lage auszutauschen. Weil die „bilateralen Beziehungen in Ordnung sind", habe darauf auch der Schwerpunkt in seinen Gesprächen mit Brandt gelegen. Diesen habe er als „geselligen Menschen" erlebt, mit dem sich „gut diskutieren" lasse. Brandt verdiene Unterstützung, denn er habe etwas anzubieten. Er habe die „europäischen Realitäten" einschließlich der „Existenz zweier politischer Regime in Deutschland" anerkannt[19].

In der Tat hatte Brandt festgestellt, es sei „bei den Bemühungen um eine europäische Friedensordnung von den gegebenen Realitäten" auszugehen. Dazu zählte er auch „die beiden politischen Ordnungen, die gegenwärtig auf deutschem Boden bestehen"[20]. Wie nicht anders zu erwarten war, fiel das Echo darauf in der Bundesrepublik kontrovers aus. Bundeskanzler Kiesinger machte sich Sorgen „über terminologische Unklarheiten bezüglich unserer Ostpolitik"[21]. Er verstand, wie er gegenüber dem amerikanischen Präsidenten gerade ausgeführt hatte, die „neue deutsche Ostpolitik" als Beitrag zu „Entspannung und Sicherung des Friedens". Angesichts der „beiden gewaltigen Militärmaschinen" in Ost und West müsse im Wege der „Entspannungspolitik" alles vermieden werden, was „die Atmosphäre auflade"[22]. Wie mit der DDR zu verfahren sei, blieb davon unberührt. Zwar hatte Kiesinger entgegen der bis dahin üblichen Praxis einen Brief des Vorsitzenden des Ministerrats der DDR, Willi Stoph, entgegengenommen und einen Monat später auch beantwortet. Direkte Gespräche zwischen beiden Regie-

---

[19] ANIC, Fond: CC al PCR, Sectia Relatii Externe 57/1967, Aufzeichnung einer Unterredung Ceaușescus mit dem sowjetischen Botschafter in Bukarest, A.V. Basow, am 8.8.1967.
[20] Tischrede Brandts in Bukarest am 4.8.1967; DzD 5/1-2, S.1505ff., hier S.1507.
[21] Kiesinger an Brandt vom 22.8.1967; AAPD 1967, S.1213.
[22] So Kiesinger zu Johnson am 15.8.1967; AAPD 1967/2, Dok. 301: S.1189–1197, hier S.1192.

rungen, wie Stoph sie vorgeschlagen hatte, lehnte er aber ab, denn dies wäre
einer de facto-Anerkennung der DDR gleichgekommen. Auch die SPD war
zu diesem Schritt nicht bereit, so dass der Koalitionsfrieden gewahrt blieb.
Auch wenn der Zusammenhang zwischen der deutschen Frage und dem
Spannungsabbau in Europa mit Händen zu greifen war, blieb eine schlüssige
Antwort vorerst aus. Der amerikanische Außenminister ermutigte dazu, „auf
dem beschrittenen Weg weiter zu gehen". Zugleich warnte er vor zuviel
Entspannungseifer der Europäer, denn ihr Spielraum hing vom jeweiligen
Stand der Supermachtbeziehungen ab[23].

Auch die Sowjetunion wollte die Kontrolle über die in Bewegung gekom-
menen Ost-West-Beziehungen möglichst nicht verlieren. Eine besondere
Herausforderung stellte die Entwicklung in der Tschechoslowakei dar. Dort
suchte der reformbereite Flügel der Kommunistischen Partei in einem Maß
Westkontakte, das an die Reformfähigkeit kommunistischer Herrschaft glauben ließ und in der Bundesrepublik die Vorstellung nährte, „es könne durch
Annäherung ein Prozess der Wandlung ausgelöst werden"[24]. Damit konfrontiert entschloss sich die sowjetische Führung nach einigem Zögern im
August 1968 zum äußersten Mittel zu greifen, das einer imperialen Macht
zur Verfügung steht, und militärisch zu intervenieren. Nach außen wurde
die Okkupation damit begründet, die Bundesrepublik habe die Tschechoslowakei aus dem Warschauer Pakt herausbrechen wollen. Der auch in Frankreich laut werdende Vorwurf entbehrte zwar jeglicher Grundlage, doch es
war nicht zu leugnen, dass es 1967/68 zu einer bemerkenswerten Verdich-
tung in den westdeutsch-tschechoslowakischen Beziehungen auf staatlicher
Ebene, aber auch darüber hinausgehend gekommen war.

Parallel zu den Gesprächen mit Rumänien sondierte die Bundesregierung
schon im Januar 1967 in Prag wegen der baldigen Aufnahme diplomatischer
Beziehungen. Allerdings fühlte man sich dort nicht so frei wie in Bukarest
und wollte nur als „Mitglied der sozialistischen Familie" verhandeln[25]. Im
Klartext hieß dies, dass eine umstandslose Aufnahme diplomatischer Beziehungen nicht in Frage kam. In den folgenden Monaten versuchte die
tschechoslowakische Führung die Quadratur des Kreises. Sie wollte weder

---

[23] Aufzeichnung Brandts vom 16.8.1967 über Gespräche mit Rusk; AAPD 1967/2,
Dok. 304: S. 1205–1209, hier S. 1205.
[24] Richard Löwenthal in Anlehnung an Bahrs berühmte Formel rückblickend in einem
Vortrag vor dem Arbeitskreis „Auswärtige und innerdeutsche Beziehungen" der
SPD-Bundestagsfraktion am 2.2.1972, AdsD, NL Selbmann 146.
[25] So der tschechoslowakische Verhandlungsführer am 12.1.1967; AAPD 1967/1,
Dok. 13: S. 60–64, hier S. 61.

aus dem Verbund des Warschauer Pakts ausbrechen, wie er in der Ulbricht/
Gomułka-Doktrin fixiert war, noch auf Initiativen zur Normalisierung der
Beziehungen mit der Bundesrepublik völlig verzichten. Die Tschechoslowakei war das einzige Land im Osten, mit dem die Bundesrepublik keine
Handelsvertretung unterhielt, so dass ein entsprechendes Abkommen nur
als nachholender Akt dargestellt werden konnte. Darum ging es, als Brandt
im Mai 1967 von Valter Tauč, einem „Prager Freund aus gemeinsamen
Stockholmer Emigrationstagen“ aufgesucht wurde. Dieser schlug „auf Ver-
anlassung von Persönlichkeiten in der Partei- und Staatsführung“ die Aufnahme geregelter Beziehungen vor, das heißt „eine gewisse Formalisierung
der Wirtschaftsbeziehungen“. Den Vorschlag, darüber in Gespräche einzutreten, griff Brandt sofort auf. Mit den nun folgenden Sondierungen, die
„halbprivaten“ Charakter haben sollten, in die Bundeskanzler Kiesinger
und die zuständigen Beamten des Auswärtigen Amts aber eingeweiht waren,
wurden mit Egon Bahr und Hans-Ulrich Wilke zwei Vertraute Brandts be-
auftragt[26].

Die Bonner Emissäre begaben sich am 12. Juni 1967 für zwei Tage in die
Tschechoslowakei. Vom Prager Flughafen fuhren sie „in einer großen Tatra-
Limousine mit Vorhängen in eine kleine unbewohnte Villa“, wo Vorbespre-
chungen stattfanden[27]. Die eigentlichen Verhandlungen begannen kurz
danach im Prager Außenhandelsministerium und wurden am 3. August
mit Abkommen über den Waren- und Zahlungsverkehr und die Einrichtung von Handelsvertretungen abgeschlossen. Bahr respektierte den Wunsch
der Prager Führung, die „Verbesserung der Beziehungen politisch klein zu
halten“[28]. Er hatte den Eindruck, das tschechoslowakische Interesse an einem
Aufbau von Westbeziehungen sei „ebenso groß“ wie die „Furcht vor den
Verbündeten“[29]. Mit dieser Problematik vor Augen wies Brandt den Leiter
der im Februar 1968 eröffneten westdeutschen Handelsmission an, die
Wirtschaftsbeziehungen als Basis für die weitere Entwicklung der bilateralen
Beziehungen zu verstehen. Volle diplomatische Beziehungen seien wün-
schenswert, man wolle „jedoch nicht drängen“. Vor allem dürfe nicht der
Eindruck entstehen, die Bundesregierung beabsichtige, die Tschechoslowakei
von ihren Verbündeten zu „isolieren“. Zugleich aber erwartete der Außen-

---

[26] AAPD 1967/2, Dok. 178: S. 769 f.; Brandt, Begegnungen und Einsichten, S. 224.
[27] Egon Bahr, Zu meiner Zeit, München 1996, S. 220.
[28] AAPD 1967/2, Dok. 276: S. 1112 ff., hier S. 1114.
[29] So Bahr am 25.7.1967 in einem Schreiben an Brandt; AAPD 1967/2, Dok. 281:
S. 1127–1131, hier S. 1131.

minister Vorschläge, wie der „Aktivität" des „SED-Regimes und seiner Vertretung in der Tschechoslowakei" entgegengewirkt werden könne[30].

Zeitgleich mit der Einrichtung von Handelsvertretungen begann eine neue Etappe des Reformprozesses, der in der Tschechoslowakei schon vor längerer Zeit eingesetzt hatte. Verschiedene gesellschaftliche Kräfte agierten weitgehend unkoordiniert nebeneinander. Auch die Reformer in der Kommunistischen Partei stellten keine geschlossene Gruppe dar, wurden aber von einer Integrationsfigur zusammengehalten, die als Ikone des Prager Frühlings in die Geschichte einging: Alexander Dubček, der im Januar 1968 an die Spitze der Partei gelangte. Das Tempo des innenpolitischen Wandels war atemberaubend, eine Öffnung der Tschechoslowakei zum Westen erschien unaufhaltsam. Die Bundesregierung musste ihre Chancen zur Unterstützung der Reformer gegen das Risiko eines sowjetischen Eingreifens abwägen. Generell ist festzuhalten, dass in Bonn letztlich kaum jemand mit einer militärischen Intervention seitens des Warschauer Pakts rechnete. Es bestand also kein Grund, dem tschechoslowakischen Wunsch nach einer Aufwertung der Handelsvertretungen im April 1968 nicht zu entsprechen. Bei neuerlichen Gesprächen in Prag hörte Bahr heraus, dass die Tschechoslowakei sich im Rahmen ihres begrenzten Handlungsspielraums nach Westen orientieren wolle. Dabei spielte die Bundesrepublik eine herausragende Rolle. Voraussetzung für eine „Normalisierung" der Beziehungen sei „die Verständigung über die Behandlung aller aus der Vergangenheit herrührenden strittigen Fragen". Die größte Hürde stellte die Bewertung des Münchener Abkommens dar. Eine Erklärung über die Ungültigkeit des Abkommens von Anfang an, wie sie in Prag erwartet wurde, konnte die Bundesregierung wegen der damit verbundenen Rechtsfolgen nicht abgeben. Anderenfalls hätte sie den Rechtsschutz für die Sudetendeutschen aufgeben müssen, die mit dem Münchener Abkommen deutsche Staatsbürger geworden waren. Bahr brachte nun einen Gedanken ins Spiel, der als Verfahrensprinzip der Ostpolitik seit dem Berliner Passierscheinabkommen von 1963 galt und immer wieder bis hin zu den Verhandlungen der Vier Mächte über Berlin 1970/71 zur Anwendung kommen sollte. Rechtsfragen, über die unterschiedliche und unvereinbare Auffassungen herrschten, sollten abgetrennt werden, um eine Einigung dort erzielen zu können, wo dies möglich war[31].

---

[30] PAAA B 150/116, Brandt an Otto Heipertz vom 8.1.1968.
[31] Akten zur Auswärtigen Politik der Bundesrepublik Deutschland 1968, Bd. 1: 1.Januar bis 30. Juni 1968, bearb. von Mechthild Lindemann und Matthias Peter, München 1999, Dok. 134: S. 477–482; vgl. auch Bahr, Zeit, S. 222f.

Im Mai 1968 erwartete Staatssekretär Lahr die Aufnahme diplomatischer Beziehungen in absehbarer Zukunft, setzte allerdings eine „ruhige Weiterentwicklung in der Tschechoslowakei" voraus. Um sie nicht zu gefährden und nicht den Vorwurf zu provozieren, die Bundesregierung mische sich in die Angelegenheiten des Ostblocks ein, empfahl er, eine „rein abwartende Haltung" einzunehmen[32]. Was tatsächlich folgte, war ein Sommer intensiver deutsch-tschechoslowakischer Begegnungen. Mitglieder aller im Bundestag vertretenen Parteien reisten nach Prag, um Verbindungen mit den jeweiligen politischen Partnern anzubahnen. Einen hochrangigen Kontakt stellten die Verhandlungen über langfristige Kredite dar, die Bundesbankpräsident Karl Blessing auf Einladung der tschechoslowakischen Staatsbank in Prag führte. Auf politischer Ebene bereitete das Auswärtige Amt von der Tschechoslowakei angeregte „Expertengespräche" über das Münchener Abkommen vor[33]. Die im August aufgenommenen Beratungen gaben Anlass zu Optimismus. In der Frage des Münchener Abkommens näherten sich beide Seiten einander an. Bahr wertete die bilateralen Beziehungen bereits als so „vertrauensvoll" und „eng", dass sie durch Botschafter „kaum besser werden" könnten. Daher erschien es ihm nicht so dringend, sie zu formalisieren. Statt dessen empfahl er überoptimistisch seinem im norwegischen Urlaub weilenden Außenminister einen baldigen Besuch bei Dubček. Vorab sollte Brandt bei einem erneuten Treffen mit Taub herausfinden, ob Dubček „sich das erlauben kann"[34].

Die schockierende Klärung ließ nicht lange auf sich warten. In der Nacht vom 20. auf den 21. August 1968 besetzten Truppen des Warschauer Pakts die Tschechoslowakei. Dem Prager Frühling und den deutschen Besuchen wurde damit ein gewaltsames Ende bereitet. Die Bundesregierung protestierte gegen diese „völkerrechtswidrige Aktion". Sie warf der Sowjetunion eine „unzulässige Einmischung in die inneren Angelegenheiten der Tschechoslowakei" vor[35]. Aus sowjetischer Sicht dagegen handelte es sich um die Abwehr einer solchen Einmischung seitens des Westens und insbesondere der Bundesrepublik. Man habe nicht zulassen können, hieß es wenig später

[32] So Lahr in einem Gespräch mit Rusk am 10.5.1968; AAPD 1968/1, Dok. 153: S.574ff., hier S.574.
[33] PAAA, B 150/131, Entwurf eines Verhandlungsauftrags vom 17.7.1968 für die geplanten Expertengespräche; von Außenminister Brandt am selben Tag abgezeichnet und Bundeskanzler Kiesinger zugeleitet.
[34] Bahr an Brandt vom 19.8.1968; Akten zur Auswärtigen Politik der Bundesrepublik Deutschland 1968, Bd.2: 1.Juli bis 31.Dezember 1968, bearb. von Mechthild Lindemann und Matthias Peter, München 1999, Dok. 256: S.1005–1011, hier S.1005.
[35] Außenpolitik der Bundesrepublik Deutschland, Dok. 86: S.321f., hier S.321.

in der Parteizeitung „Prawda", „daß im Namen einer abstrakt verstandenen Souveränität die sozialistischen Staaten tatenlos zusehen, wie ein Land der Gefahr einer antisozialistischen Umwälzung ausgesetzt wird"[36]. Damit erinnerte das Sprachrohr des Kremls in aller Form an die beschränkte Souveränität der im Warschauer Pakt organisierten Staaten, eine Position, die im Westen als Breschnew-Doktrin zurückgewiesen wurde.

Anders als Rumänien, wo außenpolitischer Spielraum gesucht wurde, innenpolitisch und gesellschaftlich aber alles beim Alten blieb, war die Tschechoslowakei ein Sprengsatz für den inneren Bestand kommunistischer Ordnungen geworden. In Bonn und anderen westlichen Hauptstädten musste man sich überlegen, wo der Schwerpunkt in den Ostbeziehungen liegen sollte, auf der Verwestlichung kommunistischer Systeme oder auf der Herstellung von Stabilität und äußerer Sicherheit. In der westlichen Entspannungspolitik war beides angelegt, die graduelle Transformation kommunistischer Herrschaft durch Kontakt und Kooperation wie auch die Perspektive einer europäischen Friedensordnung auf der Grundlage von Gewaltverzicht. Bis zum August 1968 liefen beide Stränge nebeneinander her beziehungsweise waren miteinander verschlungen. Zu diesem Zeitpunkt schob die Sowjetunion zum letzten Mal in ihrer Geschichte als imperiale Macht mit militärischer Gewalt dem Verlangen nach Freiheit und Selbstbestimmung in ihrem Machtbereich einen Riegel vor. Dadurch zwang sie den Westen zu einer eindeutigen Prioritätensetzung. Wollte man den Prozess der Ost-West-Entspannung voranbringen, musste von nun an der Interessenausgleich zwischen den Mächten und die Suche nach Stabilität im bestehenden europäischen Staatensystem Vorrang haben, auch wenn dies auf Kosten der Freiheit ging. Verhandelt wurde darüber in erster Linie mit der Hegemonialmacht Sowjetunion. Moskau war das alleinige Entscheidungszentrum von Gewicht und wurde als solches anerkannt. Das bedeutete nicht, auf eine Weiterentwicklung der Beziehungen zu anderen Warschauer Pakt-Staaten zu verzichten oder das Ziel einer Liberalisierung der osteuropäischen Gesellschaften aufzugeben. Es hieß aber, dass all dies zu warten hatte, bis mit der Sowjetunion die großen Linien einer europäischen Ordnung mit sicheren Grenzen vereinbart waren.

In der ostpolitischen Debatte der Bundesrepublik musste darum der „Mut zum Status quo" wachsen, wie Anfang 1969 der Konstanzer Politik-

---

[36] Der Artikel S. Kowaljows vom 26.9.1968 ist abgedruckt bei Boris Meissner (Hrsg.), Die „Breschnew-Doktrin". Das Prinzip des „proletarisch-sozialistischen Internationalismus" und die Theorie von den „verschiedenen Wegen zum Sozialismus". Dokumentation, Köln 1969, S. 64–69, hier S. 67.

wissenschaftler Waldemar Besson forderte. Andernfalls bleibe sie in den Augen der Sowjetunion eine „revisionistische Macht" und blockiere sich selbst in dem Bestreben einer Annäherung an den Osten[37]. Genau dies hatte auch Gromyko im Oktober 1968 am Rande der Vollversammlung der Vereinten Nationen Brandt zu verstehen gegeben. Die Bundesrepublik müsse die „nach dem Zweiten Weltkrieg entstandenen Grenzen" endlich anerkennen. Dabei handele es sich um „die Frage von Krieg oder Frieden". Weniger dramatisch formuliert hieß dies, dass eine auf dem Prinzip des Gewaltverzichts aufbauende Entspannungspolitik nur in Gang kommen konnte, wenn die Bundesrepublik die bestehende polnische Westgrenze und die innerdeutsche Grenze anerkannte. Die „feindselige Einstellung gegenüber der DDR" müsse ein Ende haben. Die Bundesrepublik dürfe die „tatsächliche Existenz eines anderen deutschen Staates" nicht länger leugnen. Brandt beließ es in dieser vergleichsweise kurzen Begegnung dabei zu versichern, in „echte Verhandlungen" über einen Gewaltverzicht eintreten zu wollen[38].

Im Planungsstab des Auswärtigen Amts war man zu diesem Zeitpunkt bereits ein Stück weiter, denn die Anerkennung der DDR als Staat war dort kein Tabubruch mehr. Dem lag eine Einsicht zugrunde, die allerdings weder in der Großen Koalition noch in der breiteren Öffentlichkeit konsensfähig war. Die Ostpolitik könne nur dann den gewünschten Erfolg haben, wenn sie „gegenüber der Sowjetunion mit größerer deutscher Bereitschaft zu Zugeständnissen geführt" werde. So jedenfalls lautete die Empfehlung, die der Physiker, Philosoph und Friedensforscher Carl Friedrich von Weizsäcker der Bundesregierung gab. Er gehörte zu einigen externen Beratern, mit denen Bahr das Gespräch suchte. Weizsäcker wollte die „sowjetische Grundforderung" erfüllt sehen, die für die Bundesrepublik darauf hinauslaufe, den „Status quo in Deutschland und Europa" hinzunehmen. Dadurch könne der deutsch-sowjetische Dialog über einen wechselseitigen Gewaltverzicht wieder angekurbelt werden. Dazu sei die Sowjetunion nur bereit, wenn ihr Besitzstand nicht offen in Frage gestellt werde. Weizsäcker deutete die sowjetische Militäraktion als Defensivmaßnahme zur Stabilisierung des Warschauer Pakts und riet der sowjetischen Führung „in ihrer Position der Schwäche eine Hilfe zu geben"[39].

---

[37] Waldemar Besson, Bonn auf dem Prüfstand. Chancen westdeutscher Außenpolitik, in: Der Monat 21 (1969) H. 244, S. 42–49, hier S. 46 und S. 49.

[38] AAPD 1968/2, Dok. 328: S. 1290–1293, hier S. 1292f.

[39] AdsD, Dep. Bahr 399/3, Aufzeichnung über das Gespräch zwischen Bahr und Weizsäcker vom 17. 9. 1968.

„Hilfe" für die Sowjetmacht – das war eine Formulierung, die sich in öffentlicher Erklärung kein Politiker hätte erlauben können. Bahr aber konnte sich bestätigt fühlen. Er empfahl zu überlegen, „ob es der Durchsetzung unserer Interessen, den Status quo zu überwinden, nicht am dienlichsten wäre, einige Elemente des Status quo zu akzeptieren". Konkreter werdend fügte er hinzu: „Dazu könnte die Erklärung genügen, die DDR sei ein Staat."[40] Eine „völkerrechtliche Anerkennung", auf der die Sowjetunion auch gar nicht bestand, sollte damit nicht verbunden sein[41]. Wie auch immer der nächste Schritt aussehen würde – entscheidend war, ihn nicht als Hinnahme der deutschen Teilung erscheinen zu lassen, sondern – wie Besson meinte – als Eingangsstufe, um mit dem Status quo „konstruktiv operieren" zu können. Man müsse endlich „den Durchgang durch den Status quo" wagen, um auf ihn einwirken und um eine „neue Freiheit zur Offensive und Aktion" gewinnen zu können[42]. Brandt stand diesen Überlegungen „recht nahe", bezweifelte aber, „daß wir zu einigen prinzipiellen Durchbrüchen, die politisch ebenso wie theoretisch erforderlich wären, noch im Wahljahr kommen"[43].

Wahlen zum Bundestag standen erst im September 1969 an. Darüber hinaus ließ das Verhalten der DDR es nicht geraten erscheinen, sich für ihre Anerkennung auszusprechen. Denn mit Rückendeckung der Sowjetunion polemisierte Ost-Berlin dagegen, dass die für den 5. März vorgesehene Wahl des Bundespräsidenten in West-Berlin stattfinden sollte. Dies verstoße gegen geltendes Recht, weil West-Berlin kein Teil der Bundesrepublik sei. Um dem Protest Nachdruck zu verleihen, behinderte die DDR mehrmals den Verkehr auf der Autobahn nach West-Berlin. Parallel dazu gab der sowjetische Botschafter in Washington allerdings zu verstehen, die Sowjetunion werde eine unkontrollierte Eskalation in und um Berlin nicht zulassen. Tatsächlich verstummten nach der Wahl Gustav Heinemanns (SPD) die Attacken aus dem Osten vollständig. Bundeskanzler Kiesinger und der sowjetische Botschafter Semjon Zarapkin begegneten sich in „ruhiger und sachlicher Atmosphäre", als sie sich über den sowjetisch-chinesischen Grenzzwischenfall

---

[40] AdsD, Dep. Bahr 399/3, Vermerk Bahrs vom 19.9.1968 für Brandt, der sich in seinen handschriftlichen Randbemerkungen vom selben Tag „noch nicht überzeugt" zeigte, aber eine „durchberatene Vorlage für nützlich" hielt.
[41] So Bahr in der auf seinen Vermerk vom 19.9.1968 folgenden Aufzeichnung „Ostpolitik nach der Besetzung der ČSSR" vom 1.10.1968; AAPD 1968/2, Dok. 324: S. 1278–1281, hier S. 1280.
[42] Besson, Bonn auf dem Prüfstand, S. 47.
[43] AdsD, Dep. Bahr 33, Brandt an Besson vom 1.2.1969 als Reaktion auf dessen Artikel.

am Ussuri austauschten[44]. Offensichtlich steigerte der ideologische und nun auch machtpolitische Konflikt mit der Volksrepublik China das sowjetische Bedürfnis nach Entspannung im Westen, was die „Konfrontation um Berlin in Grenzen" hielt[45]. Mehr noch: In Washington stellte Botschafter Dobrynin in Aussicht, über Regeln im Zugang nach West-Berlin verhandeln zu wollen. Zudem ließ er durchblicken, dass es der Sowjetunion nicht auf eine volle völkerrechtliche Anerkennung der DDR ankomme. Man könne aber die „tatsächliche Lage in Europa" nicht ignorieren[46].

Bestätigt wurde diese Sichtweise Mitte März 1969, als der Warschauer Pakt mit dem Budapester Appell wieder einmal die Einberufung einer Europäischen Sicherheitskonferenz vorschlug. Der bündnisinterne Zweck des Budapester Treffens bestand darin, Reformen einzuleiten und das Bündnis durch neue Institutionen wie das Vereinte Kommando der Streitkräfte oder das Komitee der Verteidigungsminister effizienter zu machen. Im Vordergrund aber standen politische Themen. Die ungarischen Gastgeber traten wie so oft bei Gipfeltreffen des Warschauer Pakts als Vermittler auf und trugen wesentlich zu einer moderaten Tonlage bei, die im Westen aufhorchen ließ. Denn im Unterschied zu früheren Verlautbarungen nannte die Erklärung keine ausdrücklichen Vorbedingungen mehr für die Aufnahme von Verhandlungen, sondern zählte lediglich Themen auf, über die gesprochen werden sollte. Dazu gehörten die „Unantastbarkeit der in Europa bestehenden Grenzen" und der Verzicht der Bundesrepublik „auf Verfügungsgewalt über Kernwaffen in jeder Form". Schließlich sollte von der „Existenz" von zwei deutschen Staaten ausgegangen werden[47]. Für die Bundesregierung war es von fundamentaler Bedeutung, dass von Existenz der DDR die Rede war und nicht von völkerrechtlicher Anerkennung. Diesen Punkt unterstrich Brandt, als er dem sowjetischen Botschafter die ohnehin bekannte Haltung verdeutlichte, „wonach die DDR im Verhältnis zur

---

[44] Unterredung Kiesingers mit Zarapkin am 11.3.1969; Akten zur Auswärtigen Politik der Bundesrepublik Deutschland 1969, Bd.1: 1.Januar bis 30. Juni 1969, bearb. von Franz Eibl und Hubert Zimmermann, München 2000, Dok. 96: S.356–361, hier S.361.
[45] So Ministerialdirigent Sahm in einer Aufzeichnung vom 7.3.1969; AAPD 1969/1, Dok. 92: S.332ff., hier S.332.
[46] So Dobrynin im Gespräch mit Kissinger am 3.3.1969; Geyer/Selvage (Hrsg.), Soviet-American Relations, S.27.
[47] Appell der Budapester Konferenz des Warschauer Vertrags an alle europäischen Länder vom 17.3.1969, in: Europa-Archiv 24 (1969), Dokumente S.151ff., hier S.153.

Bundesrepublik nicht als Ausland" betrachtet werden könne[48]. Botschafter Zarapkin widersprach dem nicht.

Ganz offensichtlich signalisierten diese Akzentverschiebungen eine in die Zukunft weisende Weichenstellung. Alle Elemente, die für die Annäherung von Ost und West wichtig waren, tauchten bereits im Frühjahr 1969 auf: Die Bekräftigung des territorialen Status quo, die Aufwertung der DDR, ohne sie völkerrechtlich anzuerkennen, die Selbstbehauptung der Bundesrepublik in West-Berlin und nicht zuletzt die Verhandlungsbereitschaft der Supermächte. Die Westpolitik der Sowjetunion und die Ostpolitik der Bundesrepublik waren sich ein wesentliches Stück näher gekommen. Außenminister Brandt sah einer „neuen Phase von Kontakten und Gesprächen zwischen Ost und West" entgegen[49]. Dazu passte auch die Einladung der finnischen Regierung am 5. Mai zu vorbereitenden Gesprächen über eine Europäische Sicherheitskonferenz. Was wie eine finnische Initiative aussah, ging freilich auf ein sowjetisches Ansinnen zurück. Finnland sollte sich als neutrales Land den Budapester Appell und die sowjetische Forderung nach Festschreibung des territorialen Status quo zu Eigen machen. Die finnische Regierung nutzte die Gelegenheit, gegenüber der übermächtigen Sowjetunion ihre Eigenständigkeit zu betonen. Sie lud zu den Gesprächen, die an keinerlei Vorbedingungen geknüpft waren, auch die USA und Kanada ein. Dass sich daraus tatsächlich der spätere KSZE-Prozess entwickeln würde, hielten die Finnen selbst zu diesem Zeitpunkt für höchst unwahrscheinlich. Tatsächlich aber bahnte sich parallel zu den bilateralen Ost-West-Kontakten ein gesamteuropäischer Multilateralismus an.

Im deutsch-sowjetischen Verhältnis tat sich allerdings nichts Konkretes. Staatssekretär Lahr hatte Recht, wenn er von Brandts „bewundernswerter Mühe" sprach, „mit den Sowjets ins Gespräch zu kommen," die aber vorerst nicht belohnt wurde[50]. Ein Entwurf der Bundesregierung zu einem Gewaltverzichtsvertrag führte nicht zu Verhandlungen. Moskau blieb vorerst abwartend und beschränkte sich auf informelle politische Kontakte und Wirtschaftsbeziehungen. Im April 1969 besuchte der sowjetische Außenhandelsminister Nikolai Patolitschew die Hannover-Messe. Es war der erste Aufenthalt eines sowjetischen Ministers seit 1958, als der stellvertretende Ministerpräsident Anastas Mikojan anlässlich der Unterzeichnung eines

---

[48] So Brandt gegenüber Zarapkin am 4. 4. 1969; AAPD 1969/1, Dok. 116: S. 446–451, hier S. 450.
[49] Außenpolitik der Bundesrepublik Deutschland, Dok. 87: S. 322ff., hier S. 322.
[50] So Lahr (Zeuge, S. 523) am 26. 4. 1969 in einem Privatbrief.

Wirtschaftsabkommens nach Bonn kam. Patolitschew erörterte mit Wirtschaftsminister Karl Schiller (SPD) ein Thema, das eine neue Dimension in den Wirtschaftsbeziehungen eröffnen sollte, nämlich die Möglichkeit sowjetischer Gaslieferungen. Kurz danach setzte der Staatssekretär im Bundeswirtschaftsministerium, Klaus von Dohnany, die Gespräche darüber in Moskau fort. Dorthin reiste auch Ernst Wolf Mommsen, Vorstandsvorsitzender der Thyssen Röhrenwerke, die mit der Sowjetunion einen Vertrag über die Lieferung von Großröhren geschlossen hatten. Mommsen kehrte mit einer positiven Einschätzung über die Aussichten einer Kooperation mit der Sowjetunion zurück und war darüber hinaus der Ansicht, in Moskau messe man den Wirtschaftskontakten auch politische Bedeutung bei. Geteilt wurde diese Auffassung von Bahr, für den „ökonomischer Ost-West-Verbund ohnehin in unserem Interesse" lag. Im Sommer 1969 von „Verbund" zu sprechen, entbehrte nicht einer gewissen perspektivischen Kühnheit. Im Rahmen der Ostpolitik, die Bahr und auch Brandt vor Augen stand, gehörte es allerdings zu den zentralen Annahmen, dass die Sowjetunion und ihre Verbündeten wirtschaftlich den Anschluss an den Westen suchten und dass wirtschaftliche Kooperation aus sowjetischer Sicht den Charakter eines „politischen Tests" annahm[51]. Auch symbolische Handlungen hatten ihr eigenes Gewicht. Ende Mai besuchte eine „sowjetische Spitzendelegation" unter der Leitung von Generalsekretär Breschnew den westdeutschen Pavillon auf einer internationalen Ausstellung in Moskau, die erste Geste dieser Art seit der Moskauer Chemie-Messe 1965[52].

Wie hoch ein erfolgreiches Erdgas-Röhren-Geschäft einzustufen sei, unterstrich auch Ministerpräsident Kossygin gegenüber dem deutschen Botschafter in Moskau Helmut Allardt. Sollte es realisiert werden können, „käme dies einer Revolution gleich". Aber auch eine neue Qualität in den deutsch-sowjetischen Wirtschaftsbeziehungen, setzte Kossygin sogleich hinzu, könne eine „Lösung der politischen Probleme" nicht ersetzen[53]. Zu politischen Sondierungen kam es im Juli und August, als nacheinander zwei hochrangige Delegationen von FDP und SPD, also der künftigen Bonner Koalitionspartner, sowjetischen Einladungen folgten. Während die oppositionelle FDP ihre Parteiführung mit Walter Scheel an der Spitze in die sowje-

---

[51] Aufzeichnung Bahrs vom 25.7.1969 nach einem Gespräch mit Mommsen; Akten zur Auswärtigen Politik der Bundesrepublik Deutschland 1969, Bd. 2: 1. Juli bis 31. Dezember 1969, bearb. von Franz Eibl und Hubert Zimmermann, München 2000, Dok. 246: S. 857 f.
[52] AAPD 1969/2, S. 854, Anm. 13.
[53] AAPD 1969/2, Dok. 244: S. 851–855, hier S. 855.

tische Hauptstadt entsandte, reiste für die SPD die Fraktionsführung unter
der Leitung von Helmut Schmidt nach Moskau. Die Gespräche kreisten
um die Fragen der europäischen Sicherheit. Schmidt kehrte mit dem Eindruck zurück, in Moskau werde an einem „glaubwürdig" erscheinenden
Gesprächsfaden gesponnen. Es gebe Anzeichen für die Bereitschaft zur „In-
stitutionalisierung von Austausch und Zusammenarbeit"[54].

Zweifellos stand eine neue Phase der sowjetischen Westpolitik bevor.
„Bisher haben wir Dokumente ausgetauscht," ließ Gromyko seinen ostdeutschen Kollegen wissen. „Jetzt wollen wir zu Verhandlungen mit der westdeutschen Seite übergehen."[55] Klientelstaaten wie die DDR konnten dieser
seit dem Frühjahr 1969 sich abzeichnenden Entwicklung nur zuschauen. Das
andere Land, das sich Anfang 1967 gegen die Aufnahme von Beziehungen
mit der Bundesrepublik gestemmt hatte, nämlich Polen, versuchte eigene
Akzente zu setzen und im Prozess der Annäherung an die Bundesrepublik
nicht nur im Windschatten der Sowjetunion zu bleiben. Unverändert litt
die polnische Führung unter dem Alptraum einer über Polen hinweggehen-
den Ost-West-Entspannung. Entgegen allen „brüderlichen" Bekundungen
mangelte es im sozialistischen Lager an Solidarität. Warschau sah sich in
zwei Punkten allein gelassen. Mit dem Budapester Appell verzichtete der
Warschauer Pakt im März 1969 auf eine aus polnischer Sicht zentrale Forderung. Die Anerkennung der Unantastbarkeit der europäischen Nachkriegsgrenzen galt nicht mehr als Vorbedingung für die Aufnahme von Verhandlungen über europäische Sicherheit, so dass die Grenzfrage – ganz wie es
die Bundesrepublik wünschte – formal in der Schwebe blieb. Obwohl weder
in Bonn noch sonst wo die Oder-Neiße-Linie als tatsächliche Westgrenze
Polens in Frage gestellt wurde und „nur" die förmliche Anerkennung fehlte,
war hier der empfindlichste Nerv auf polnischer Seite berührt. Für Polen
blieb nur die Hoffnung, im Zuge einer Europäischen Sicherheitskonferenz
doch noch die unzweideutige Anerkennung des territorialen Status quo zu
erreichen.

Hinzu kamen wirtschaftliche Abhängigkeiten. Vergeblich hatte Gomułka
eine Form der wirtschaftlichen Integration im RGW gefordert, um die Lage
Polens im Verhältnis zur Sowjetunion zu verbessern, aber auch im Vergleich mit der DDR, die vom Interzonenhandel profitierte. Im Frühjahr
1969, während sich die neue Annäherung zwischen Ost und West bereits

---

[54] So Schmidt während der Sitzung des Parteirats am 25.8.1969; AdsD, SPD-Parteivorstandsprotokolle.
[55] SAPMO, ZK, Büro Ulbricht, J IV 2/202/81, Gromyko zu Außenminister Winzer am
1.9.1969.

abzeichnete, erläuterte Gomułka Breschnew und Honecker die politischen Konsequenzen des ökonomischen Ungleichgewichts im Warschauer Pakt. Da die DDR die Vorteile ihrer Sonderbeziehungen zur Bundesrepublik nicht „allen sozialistischen Ländern zur Verfügung stellen" wolle, würden „die einzelnen sozialistischen Länder unweigerlich Kontakte zu entwickelten kapitalistischen Ländern suchen". Dies werde „konsequenterweise unsere Gemeinschaft schwächen". Letztlich werde es dazu führen, dass „die DDR von der BRD verschluckt wird"[56]. Natürlich registrierte man in Warschau auch mit gespannter Aufmerksamkeit die Anwesenheit von Patolitschew in Hannover, während die polnisch-sowjetischen Gespräche „ungewöhnlich schwierig" verliefen, wie Gomułka intern beklagte. Seine politische Schlussfolgerung war eindeutig: „Wir können nicht sagen, daß es uns egal ist, ob die BRD unsere Grenzen anerkennt oder nicht, denn unsere Position wird geschwächt werden."

Dies war der Hintergrund dafür, dass der polnische Parteichef den Versuch machte, aus seiner zwei Jahre zuvor erklärten „Gegnerschaft zur Ostpolitik"[57] herauszutreten und Verhandlungen über einen Grenzvertrag anzubieten. Auch wenn er an seiner nicht durchsetzbaren Maximalforderung festhielt, Bonn müsse die „bestehende Westgrenze Polens" nicht nur respektieren, sondern „als endgültige Grenze" völkerrechtlich verbindlich anerkennen[58], tat Gomułka, ohne seine Bündnispartner vorab davon zu unterrichten, doch einen ersten Schritt auf die Bühne der europäischen Entspannungspolitik. Die von ihr ausgehende Dynamik wollte er nutzen, um polnische Interessen zu wahren. Brandt reagierte postwendend in öffentlicher Rede: „Wir sind gesprächsbereit." Allerdings wollte er das „Grenzproblem" in den „Austausch von Gewaltverzichtserklärungen" einbetten und als „Element einer europäischen Friedensordnung" verstanden wissen[59]. Brandt blieb damit weit hinter den polnischen Erwartungen zurück und wiederholte im Grunde die Formel, die er schon im März 1968 auf dem Parteitag der SPD in Nürnberg gebraucht hatte. Damals sprach er von der „Anerkennung beziehungs-

---

[56] Unterredungen Gomułkas mit Breschnew am 3.3.1969 und Ulbricht am 10./11.4. 1969; Mieczysław Tomala, Deutschland – von Polen gesehen. Zu den deutsch-polnischen Beziehungen 1945–1991, Marburg 2000, S.182f. und S.187. Das folgende Zitat Gomułkas während einer Sitzung des Politbüros am 2.6.1969 findet sich ebenda, S.276.
[57] So Brandt am 8.3.1967 vor dem Auswärtigen Ausschuss des Bundestags; Brandt. Berliner Ausgabe, Bd.6, Dok. 4: S.118–126, hier S.123.
[58] So Gomułka am 17.5.1969; zit. nach Tomala, Deutschland, S.273.
[59] Brandt, Begegnungen und Einsichten, S.243; das folgende Zitat findet sich ebenda, S.242.

weise", wie er präzisierend ergänzte, „Respektierung der Oder-Neiße-Linie bis zur friedensvertraglichen Regelung".

Was nach polnischer Auffassung zu wenig war, um zu einer Normalisierung im Verhältnis zur Bundesrepublik zu kommen, war im westdeutschen Verständnis das Äußerste an Annäherung an die polnische Position. Die polnische Staatsführung bestand auf einer formellen Anerkennung der Westgrenze, weil sie befürchtete, bei einer Vereinigung der beiden deutschen Staaten ohne völkerrechtlich verbindliche Absicherung zu sein. Für diesen Fall aber konnte die Bundesregierung keine Aussage machen, da dies in die Kompetenz der für Deutschland als Ganzes verantwortlichen Vier Mächte fiel, die ihrerseits wiederholt auf diese Souveränitätsbeschränkung der Bundesrepublik aufmerksam machten. Von den völkerrechtlichen Aspekten abgesehen bestand in der Großen Koalition auch kein Konsens über die Sprachregelung im Hinblick auf die Oder-Neiße-Linie, ganz abgesehen von den massiven Protesten, die von den Vertriebenenverbänden geäußert wurden.

Brandt beließ es nicht bei öffentlichen Erklärungen. Er sandte der polnischen Führung auf privatem Weg eine zusätzliche Botschaft. Ihr Überbringer war der Krupp-Manager Bertold Beitz, der über langjährige Kontakte nach Polen verfügte und sich in der ersten Junihälfte 1969 zu geschäftlichen Gesprächen dort aufhielt. Zum Besuchsprogramm gehörten auch politische Kontakte, darunter zu Ministerpräsident Józef Cyrankiewicz. Ihm galt Brandts Botschaft,

„daß die für die Außenpolitik der Bundesrepublik verantwortlichen Persönlichkeiten von dem ernsthaften Willen beseelt seien, jede Möglichkeit zu prüfen, die sich in Richtung auf einen Ausgleich der Interessen Deutschlands und Polens eröffnen könnte. Eine Verbesserung der deutsch-polnischen Beziehungen gehört unbestritten zu den wichtigsten außenpolitischen Aufgaben der Bundesregierung."[60]

Als Antwort übermittelte Beitz den Wunsch der polnischen Regierung nach „wissenschaftlich-technischer Zusammenarbeit" und der Gewährung eines Kredits. Über die Grenzfrage sollte tunlichst erst nach den für Ende September anstehenden Bundestagswahlen gesprochen worden[61].

Tatsächlich war es vorher nicht sinnvoll, in eine konkrete Verhandlungsphase einzutreten. Wie auch immer die Wahl ausgehen würde, im Planungsstab des Auswärtigen Amts stellte Bahr „Überlegungen zur Außenpolitik einer künftigen Bundesregierung" an. Sie könne Entscheidungen zu

---

[60] Brandt. Berliner Ausgabe, Bd. 6, Dok. 25: S. 235.
[61] Aufzeichnung Brandts vom 15. 6. 1969; AAPD 1969/1, Dok. 200: S. 706 f.

zentralen Fragen nicht länger ausweichen. Dazu gehörten die Verhandlungen mit der Sowjetunion über einen Gewaltverzicht und mit Polen über die Normalisierung der Beziehungen. Auch über eine Unterschrift unter den Nichtverbreitungsvertrag müsse befunden werden, ferner darüber, ob die bisherige „Behandlung der DDR als Nichtstaat" aufrechterhalten werden sollte[62]. In all diesen Punkten gab es deutlichere Übereinstimmungen zwischen SPD und FDP als zwischen SPD und den Unionsparteien, so dass die Bildung der sozial-liberalen Regierung nach der Bundestagswahl eine wichtige Voraussetzung für eine Ostpolitik aus einem Guss war. Festzuhalten aber ist zugleich, dass der Durchbruch in den Ost-West-Beziehungen „ohne die drei Jahre der Großen Koalition" kaum in dieser Weise hätte erzielt werden können[63]. In diese erste Phase einer „neuen" Deutschland- und Ostpolitik fiel eine fundamentale Umorientierung, indem die außenpolitischen Experten der Entspannung in Europa den Vorrang einräumten, um in der nun nachgeordneten deutschen Frage graduelle Fortschritte erreichen zu können. Es war darüber hinaus eine Zeit, in der sich die Protagonisten einer neuen Ostpolitik zu wichtigen Korrekturen und Anpassungen gezwungen sahen, nicht zuletzt als Konsequenz aus der Niederschlagung des Prager Frühlings. Dazu gehörte die klare und für viele bittere Erkenntnis, sich dem sowjetischen Machtanspruch beugen zu müssen. Moskau musste eine größere Kontrollfunktion im Entspannungsprozess zugestanden werden, als zunächst gedacht war. Die Sowjetunion verfolgte sowohl auf globaler als auch auf europäischer Ebene eine Politik der Ost-West-Entspannung, aber keineswegs um jeden Preis. Auf der Ebene der Supermächte war es für sie von zentraler Bedeutung, als gleichberechtigte Weltmacht anerkannt zu sein. In Europa bestand die Sowjetunion auf ihrer Respektierung als hegemonialer Macht, deren Einflussbereich bis an die Elbe reichte. Für die anstehenden Verhandlungen hieß dies, dass Moskau eine uneingeschränkte Führungsrolle beanspruchte. Einen Wettlauf nach Bonn durfte es im Bereich des Warschauer Pakts nicht geben.

---

[62] Aufzeichnung Bahrs vom 21.3.1969; AAPD 1969/2, Dok. 296: S.1047ff., hier S.1047f.
[63] Bahr, Zeit, S.247.

5. Durchbruch in Moskau und anderswo 1969 bis 1972

Die Zusicherung der neuen Bonner Regierung, nichts werde „hinter dem Rücken der Sowjetunion" geschehen, dürfte in Moskau beruhigend gewirkt haben. Außenminister Scheel bekräftigte, dass die Bundesrepublik mit ihrer Ostpolitik auf keinen Fall einen „Keil zwischen die sozialistischen Länder" treiben wolle[1]. Diese einerseits über die Maßen ehrerbietige, andererseits aber politisch kluge Erklärung erleichterte die Verhandlungen erheblich. Wie wichtig sie tatsächlich war, zeigt eine sowjetische Direktive, die wenig später den Rahmen für Verhandlungen mit der Bundesrepublik festlegte. Der Regierung Brandt müsse verdeutlicht werden, dass sie „ohne Vereinbarung mit der UdSSR" keine Aussicht „auf eine Vereinbarung mit anderen sozialistischen Staaten" habe[2]. Darüber hinaus sorgten zwei Bonner Richtungsentscheidungen für klare Verhältnisse. Im wohl wichtigsten Nebensatz seiner Regierungserklärung nannte Bundeskanzler Brandt die DDR einen Staat, den die Bundesrepublik zwar nicht völkerrechtlich anerkennen könne, dem aber Verhandlungen „ohne Diskriminierung auf der Ebene der Regierungen" mit dem Ziel „vertraglich vereinbarter Zusammenarbeit" angeboten wurden: „Auch wenn zwei Staaten in Deutschland existieren, sind sie doch füreinander nicht Ausland; ihre Beziehungen zueinander können nur von besonderer Art sein."[3] Vier Wochen später erfolgte die zweite klärende Entscheidung, als die Bundesrepublik dem Vertrag über die Nichtverbreitung von Kernwaffen beitrat.

Damit war die Bundesrepublik der Sowjetunion in drei Punkten von hohem symbolischem und politischem Wert entgegengekommen. All das war, wie Brandt am 19. November 1969 in einem Schreiben an den sowjetischen Ministerpräsidenten Kossygin unterstrich, von dem „ernsten Versuch" getragen, „die Berge des Misstrauens abzubauen und den Frieden sicherer zu machen", also die Politik der Annäherung fortzusetzen, der schon die

[1] So Scheel am 17.11.1969 zu Botschafter Zarapkin; AAPD 1969/2, Dok. 368: S.1304–1310, hier S.1309.
[2] AVPRF 0757/14/54/10, Direktive für die Verhandlungen mit der BRD über einen Gewaltverzicht vom 3.12.1969 (Entwurf). Zitiert wird aus dem ins Deutsche übertragenen Bestand, der mit Genehmigung des Archivs von Prof. Dr. Werner Link (Köln) zur Verfügung gestellt wurde.
[3] Stenographischer Bericht über die 5. Sitzung des Bundestags (6. WP) am 28.10.1969, S.21.

Regierung der Großen Koalition verpflichtet gewesen war. Das Projekt einer
multilateralen europäischen Sicherheitskonferenz, ein Kernanliegen sowjetischer Europapolitik, fand Brandts „grundsätzliche" Unterstützung. Allerdings
bestand er auf einer „seriösen Vorbereitung" ohne Zeitdruck. Vorrang sollten
die bilateralen Verhandlungen über einen Gewaltverzicht mit der Sowjetunion, mit Polen und der DDR haben: „Die bilateralen Gewaltverzichte
würden beispielhaft wirken und in einen multilateralen Gewaltverzicht ein-
fließen können."[4]

In Brandts Fahrplan fehlten noch die Zeitangaben, doch die Abfolge der
Verhandlungsschritte und die Ausrichtung der Verhandlungen auf das Prinzip des Gewaltverzichts waren klar benannt. Die nächsten Monate mussten
zeigen, ob das Bonner Konzept durchsetzbar war – in Verhandlungen mit
der Sowjetunion, aber auch in der kontroversen Debatte, die nun in der
Bundesrepublik über die Deutschland- und Ostpolitik verstärkt einsetzte.
Würde die schmale Mehrheit der sozial-liberalen Koalition im Bundestag
für Entscheidungen dieser Tragweite ausreichen? Wie würden CDU und
CSU den Rollenwechsel verkraften, der sie zum ersten Mal in der Geschichte
der Bundesrepublik auf die Oppositionsbänke zwang? Immerhin stellte die
Union die stärkste Bundestagsfraktion. Welche Haltung würde sie künftig
zur Ostpolitik einnehmen, die sie im Grundsatz bisher mitgetragen hatte,
der sie im Einzelnen aber mit Vorbehalten begegnet war? Brandt vermutete,
die Opposition werde „alles versuchen, unsere Deutschlandpolitik als ge-
scheitert hinzustellen". Von der Regierungskoalition und insbesondere von
der SPD erwartete er Zurückhaltung: „Die Ostlage ist differenzierter als die
Illusionisten *und* die Negativisten verstehen, aber die Differenziertheit der
Lage und die Schwierigkeiten der Aufgabe sind nicht immer leicht darstell-
bar."[5]

Der Warschauer Pakt legte auf zwei Konferenzen Ende Oktober und
Anfang Dezember 1969 fest, wie auf die neue Bundesregierung reagiert
werden sollte. Das zweite Treffen kam auf ausdrückliches Drängen der
DDR zustande. Ulbricht warnte vor einer Fehleinschätzung: Die „Haupt-
ziele der ‚neuen Ostpolitik'" seien aggressiver Natur, „nämlich die DDR zu
unterwerfen sowie ideologisch und ökonomisch in die sozialistischen Länder
einzudringen und zwischen ihnen zu differenzieren". Dem müsse der Warschauer Pakt geschlossen entgegentreten. Konkret bestand Ulbricht auf der

[4] AAPD 1969/2, Dok. 370: S. 1313 f.
[5] WBA, A 11, SPD-Parteivorstand. Verbindungen mit Mitgliedern des Präsidiums 15,
Brandt an Wehner, Schmidt, Nau und Wischnewski vom 22.12.1969.

„völkerrechtlichen Anerkennung der bestehenden Grenzen und der Herstellung gleichberechtigter völkerrechtlicher Vertragsbeziehungen zwischen der Deutschen Demokratischen Republik und der westdeutschen Bundesrepublik'".

Gomułka forderte die „Anerkennung der Oder-Neiße-Grenze" als „einer endgültigen und unantastbaren Grenze", würdigte aber – wie alle anderen Teilnehmer auch – die „flexiblere und realistischere Politik" der sozialliberalen Bundesregierung und ihre „de-facto-Anerkennung" der DDR. Am positivsten äußerten sich Kádár und Ceauşescu, während Breschnew allseits zu vermitteln versuchte und vor dem Versuch der Bundesrepublik warnte, „eine selektionelle Politik in Bezug auf die sozialistischen Staaten" führen zu wollen. Er erinnerte an die 1968 gescheiterten „imperialistischen Pläne gegenüber der Tschechoslowakei", also an den sowjetischen Anspruch, als Führungsmacht des sozialistischen Lagers aufzutreten.

Darüber und über andere Interna des östlichen Bündnisses war Bahr durch den stellvertretenden rumänischen Außenminister, mit dem er sich wiederholt im Geheimen traf, bestens informiert, insbesondere über die Versuche der DDR, Sand ins Getriebe der Entspannungspolitik zu streuen, solange die völkerrechtliche Anerkennung noch ausstand, aber auch darüber, dass die Sowjetunion mit ihren Verbündeten „nicht nach Gutdünken" verfahren könne[7]. Nun zahlten sich die guten diplomatischen und wirtschaftlichen Beziehungen aus, die die Bundesregierung seit 1967 mit Rumänien unterhielt. Dank der „genauen und zutreffenden Informationen durch die Rumänen" konnte sie die Lage besser einschätzen[8].

Entscheidend aber waren die Signale, die direkt aus Moskau kamen. Dort begannen am 8. Dezember 1969 die Sondierungen zwischen Gromyko und Botschafter Allardt über einen Gewaltverzicht, die allerdings auf der Stelle traten. In Bonn wurden daher Überlegungen angestellt, das Gespräch mit der Sowjetunion „auf einer höheren Ebene als der des Botschafters" zu suchen[9]. Was die sowjetische Führung in der Art eines Weihnachtsgeschenks tatsächlich anbot, konnte niemand in Bonn ahnen, auch Bahr nicht, dem Pressesprecher Conrad Ahlers von einem Besuch des sowjetischen Journalisten Waleri Lednew berichtete. Dieser wünsche einen Kontakt „unabhängig

---

[6] DzD 6/1, Dok. 35: S. 100–137, hier S. 108 und S. 115; die folgenden Zitate finden sich ebenda, S. 124, S. 126, S. 131 und S. 133.
[7] Unterredung zwischen Bahr und Macovescu am 20. 12. 1969 in Den Haag; AAPD 1969/2, Dok. 406: S. 1443–1448, hier S. 1444 ff.; vgl. auch Dok. 365: S. 1293–1297.
[8] Aufzeichnung Bahrs vom 14. 1. 1970; AAPD 1970/1, Dok. 8: S. 20–23, hier S. 22. Vgl. auch Bahrs Unterredung mit Macovescu am 2. 4. 1970; Dok. 140: S. 545–548.
[9] DzD 6/1, Dok. 42: S. 149 f., hier S. 149.

von diplomatischen Kanälen"[10]. Auch auf deutscher Seite nahm ein Journalist eine wichtige Funktion in der Vorgeschichte dieser Form der deutsch-sowjetischen Annäherung ein: Heinz Lathe, der als Korrespondent der „Frankfurter Neuen Presse" in Moskau mit Lednew bekannt war, wurde gezielt über den sowjetischen Wunsch nach informeller Kontaktaufnahme informiert. Ende November 1969 berichtete Lathe seinem Chefredakteur Robert Schmelzer davon, der eine Aufzeichnung über dieses Gespräch an Ahlers und Brandt weitergab. Die Botschaft der sowjetischen Führung war elektrisierend: „Unter Ausschaltung der Berufsdiplomatie" und vor allem der DDR, die bei der sowjetischen „Öffnung gegenüber Bonn eine eindeutig bremsende Rolle" spiele, wolle der Kreml eine direkte Verbindung zum Kanzleramt etablieren[11].

Am 24. Dezember erschien Lednew bei Bahr im Kanzleramt und schlug vor, einen informellen Draht einzurichten, der an den Botschaften und Außenministerien vorbei einen vertraulichen Meinungsaustausch zwischen dem Kreml und dem Kanzleramt ermöglichen sollte. Bahr wusste zu diesem Zeitpunkt noch nicht, wer die „fünf Leute der obersten Parteigruppe" waren, die Lednew als Auftraggeber nannte[12]. Später stellte sich heraus, dass Lednew den Anweisungen des KGB-Mitarbeiters Keworkow folgte, der wiederum auf Weisung des KGB-Chefs Andropow handelte. Zusammen mit Breschnew hatte Andropow die Idee eines direkten und vertraulichen Kanals zwischen dem Kreml und dem Kanzleramt entwickelt, um den Aufbau kooperativer Beziehungen mit der Bundesrepublik voranzubringen. In der Folgezeit nutzten beide Seiten diesen Weg häufig, um Erwartungen zu äußern, Erläuterungen zu geben und Klärungen herbeizuführen. Dieser kleine Dienstweg auf Spitzenebene beeinflusste wiederholt das Geschehen am offiziellen Verhandlungstisch[13].

Damit kam die Bonner Regierungszentrale zum zweiten Mal binnen kurzer Zeit in den Genuss eines privilegierten Zugangs zu den Supermächten, denn seit Oktober 1969 bestand bereits ein direkter Kommunikationskanal zwischen dem Weißen Haus und dem Kanzleramt. Er war schon zwei Wochen nach den Bundestagswahl, also noch vor der Wahl Brandts zum Bundeskanzler eingerichtet worden, als Bahr nach Washington flog, um

[10] AdsD, Depositum Bahr 434, Ahlers an Bahr vom 17.12.1969.
[11] AdsD, Dep. Bahr 300/2, Aufzeichnung Schmelzers über ein Gespräch mit Lathe am 29./30.11.1969 in Frankfurt.
[12] AAPD 1969/2, Dok. 412: S.1455f.
[13] Vgl. Keworkow, Kanal, S.26ff.

Henry Kissinger über die bevorstehenden ostpolitischen Schritte der neuen Bonner Regierung zu informieren. Bei dieser Gelegenheit bot Kissinger an, eine direkte Nachrichtenverbindung, einen *back channel*, zwischen beiden Regierungen zu etablieren. Damit sollte der sowohl von Kissinger als auch Bahr wenig geliebte diplomatische Apparat umgangen werden. Die Ost-West-Beziehungen zeichneten sich im Zeitalter der Entspannung durch eine signifikante Zunahme an internationaler Kommunikation aus, die auf der Entscheidungsebene auf wenige Personen beschränkt blieb. *Back channels* gehörten darum zu den bevorzugten Einrichtungen. Innenpolitisch sollten sie in dieser Phase der Neuorientierung im Ost-West-Verhältnis dazu dienen, Störungen zu vermeiden und die außenpolitische Akteure gegenüber der Medienöffentlichkeit, aber auch gegenüber regierungsinternen Diskussionen abzuschirmen.

Kissinger hatte ein doppeltes Motiv, Bonn in sein exklusives Kommunikationssystem einzubeziehen. Zum einen hatte er erkannt, dass die Bundesrepublik im Begriff war, sich an die Spitze der europäischen Entspannungspolitik zu setzen. Vom entspannungspolitischen Nachzügler war sie zum Pionier geworden. Da sich amerikanische *Détente* und westdeutsche Ostpolitik ergänzten, war eine Abstimmung zwischen dem Weißen Haus und dem Kanzleramt nützlich. Zum anderen beanspruchte die amerikanische Supermacht genau wie ihr sowjetisches Gegenüber die kontrollierende Oberaufsicht über westliche und besonders über westdeutsche Entspannungsinitiativen. Ebenso wie Breschnew eine „selektionelle Politik" vermieden wissen wollte, warnte Kissinger wiederholt vor einer „selektiven Détente"[14]. Der direkte Draht ins Kanzleramt konnte helfen, die Deutschen an der langen Leine zu halten.

Dieses Motiv entsprang einem tiefen Misstrauen, die Balance der Bundesrepublik zwischen Westbindung und Verständigungsbereitschaft mit dem Osten könnte kippen. In Washington wurde aufmerksam registriert, dass Bahr lediglich informieren, aber keineswegs in Konsultationen eintreten wollte, ferner, dass Brandt kurz danach in seiner Regierungserklärung eine „selbständigere deutsche Politik in einer aktiveren Partnerschaft" ankündigte[15]. Was versteckte sich hinter solchen Formulierungen? Der Wunsch der Deutschen nach nationalen Alleingängen? Sollte eine Teilfunktion der NATO, das westdeutsche Potential für den Westen zu sichern, es durch

---

[14] Kissinger, White House Years, S. 410 und S. 528.
[15] Stenographischer Bericht über die 5. Sitzung des Bundestags (6. WP) am 28. 10. 1969, S. 31.

Integration aber auch zu kontrollieren, in Frage gestellt werden? Solche Befürchtungen führten zu Vorbehalten und Skepsis gegenüber der Ostpolitik.
„To keep the Germans down", gehörte für Präsident Nixon auch noch 1970
zu den Aufgaben des westlichen Bündnisses. Die Bedrohung aus dem Osten
hatte im Vergleich zu 1949 nachgelassen. Die Schwäche Westeuropas war
behoben. Aber ein Thema bestand nach wie vor, nämlich das „Problem
Deutschland", denn die Sowjetunion wolle die Bundesrepublik aus der
NATO herauslösen[16]. Für Nixon war die Ostpolitik schlichtweg eine „gefähr-
liche Angelegenheit", wie er dem britischen Premierminister Edward Heath
sagte[17]. Dieser hatte seinerseits hinter verschlossenen Türen aus seinen Vorbehalten keinen Hehl gemacht: „Enge Beziehungen zwischen Deutschland
und der Sowjetunion waren in der Vergangenheit selten zu unserem Vorteil."[18] Was die Zukunft bringen würde, blieb abzuwarten. Für die Gegenwart
aber galt das Urteil Kissingers. Grundsätzlich teilte er Nixons Vorbehalte
und verstärkte sie sogar, wo er nur konnte. Zugleich aber hatte er, wie sich
zeigte, an konkreten ostpolitischen Schritten handwerklich nichts auszu-
setzen. Die nie versiegende Skepsis gegenüber der Ostpolitik hat zu keinem
Zeitpunkt dazu geführt, sie zu blockieren.

     Es klang wie eine Beruhigung der USA und der anderen NATO-Partner,
wenn in Brandts Regierungserklärung auch Worte von Herbert Wehner
auftauchten, dem neuen Fraktionsvorsitzenden der SPD, der als „Erinne-
rungsposten für die Regierungserklärung" gemahnt hatte, die „Lage" der
Bundesrepublik erlaube es nicht, „zwischen West und Ost zu stehen, zu
pendeln oder zu schwanken". Es gelte, sich „in Kooperation und Absprache
mit West um größtmögliche Verständigung mit Ost" zu bemühen[19]. Brandt
sah dies natürlich nicht anders. In seiner Regierungserklärung bekräftigte
er: „Unser nationales Interesse erlaubt es nicht, zwischen dem Westen und
dem Osten zu stehen. Unser Land braucht die Zusammenarbeit und Abstimmung mit dem Westen und die Verständigung mit dem Osten." Auf
dieser Grundlage sei es seine Absicht, den Frieden im Westen durch einen
„Frieden im vollen Sinn dieses Wortes" zu ergänzen, durch den Frieden
„auch mit den Völkern der Sowjetunion und allen Völkern des europäischen
Ostens". Nicht nur mit ihnen, sondern auch mit der DDR sollten „Ab-

---

[16] So Nixon am 26.2.1970 zu Pompidou, der ähnlich dachte; RNPL, National Security
Council, Presidential-HAK Memcons 1024.
[17] TNA, FCO 7/1842, Unterredung zwischen Nixon und Heath am 17.12.1970.
[18] TNA, CAB 128/47, Kabinettssitzung am 3.9.1970.
[19] AdsD, SPD-Fraktion, Büro Wehner 2010, Aufzeichnung Wehners für Brandt vom
15.10.1969.

kommen über den gegenseitigen Verzicht auf Anwendung oder Androhung von Gewalt" ausgehandelt werden[20]. Das seit Mitte der 1960er Jahre immer wieder erörterte Thema eines Gewaltverzichts sollte nun in Form von Verträgen zum Abschluss gebracht werden.

Daraus ergab sich eine vielfältige Aufgabenstellung. Nach dem sowjetischen Weihnachtsangebot zu einem „vertraulichen Meinungsaustausch"[21] empfahl Bahr, keine Zeit zu verlieren und das „Leitgespräch mit der Führungsmacht" in Moskau aufzunehmen[22]. Einerseits honorierte er damit den sowjetischen Anspruch, für den Warschauer Pakt insgesamt verhandeln zu wollen. Andererseits hoffte er, Moskau werde die DDR davon abbringen, auf der völkerrechtlichen Anerkennung durch die Bundesrepublik zu bestehen. Einen anderen Weg sah Bahr nicht. „Es gibt nur eine Möglichkeit: Mit Moskau soweit zu kommen, dass man dort auf Ostberlin im Sinne der Vernunft einwirkt."[23] Auch die Sowjetunion sah in einem bilateralen Vertrag ein geeignetes Mittel, um zu einer Normalisierung der Beziehungen mit der Bundesrepublik und darüber hinaus zu einem entspannungspolitischen Durchbruch in Europa zu kommen. Schon am 30. Januar 1970 saß Bahr dem sowjetischen Außenminister am Verhandlungstisch in Moskau gegenüber. Zwar verfügte Bahr über reiche Erfahrungen im Kontakt mit Vertretern der Warschauer Pakt-Staaten, einer breiteren Öffentlichkeit wurde er als ostpolitischer Chefunterhändler aber erst jetzt bekannt. Wie niemand sonst war er bis ins Detail auf diese Aufgabe vorbereitet. Seine einerseits prominente, zugleich aber entrückt und wenig greifbar erscheinende Stellung war es wohl auch, die ihm viel Misstrauen in der Öffentlichkeit, aber auch in Teilen des Auswärtigen Amts eintrug. Nicht zum ersten Mal in der Geschichte der internationalen Beziehungen, wenn größere außenpolitische Veränderungen anstanden, war dies nicht die Stunde der gelernten Diplomaten.

Zunächst gehörte die Bühne allerdings den für die Wirtschaftsbeziehungen zuständigen Ministern, die auf Verhandlungserfolge anstoßen konnten. Unter den Augen von Wirtschaftsminister Schiller und Außenhandelsminister Patolitschew unterzeichneten westdeutsche Firmen beziehungsweise Banken am 1. Februar 1970 in Essen drei Abkommen mit der Sowjetunion,

[20] Stenographischer Bericht über die 5. Sitzung des Bundestags (6. WP) am 28.10.1969, S. 21 und S. 32.
[21] AdsD, Dep. Bahr 398B/2, Unterrichtung Wehners durch Bahr am 2.1.1970.
[22] In einer Aufzeichnung für Brandt vom 14.1.1970; AAPD 1970/1, Dok. 8, S. 21.
[23] So schrieb Bahr am 14.1.1970 an Peter Bender, seinen Freund aus Schultagen, der die Ostpolitik publizistisch seit längerem vorbereitet hatte; AdsD, Dep. Bahr 84/1.

die alles in den Schatten stellten, was bisher im Ost-West-Geschäft bekannt gewesen war. Das Vertragswerk sah die Lieferung von sowjetischem Erdgas gegen die Bereitstellung von Gasleitungen aus deutscher Produktion vor. Beteiligt waren die Ruhrgas AG, die Firmen Mannesmann und Thyssen Röhrenwerke, die im Bereich der Großröhrenherstellung zur Mannesmann Röhrenwerke GmbH fusionierten, und ein Konsortium von 17 westdeutschen Banken unter der Führung der Deutschen Bank, das zinsgünstige Kredite zur Verfügung stellte. Ebenfalls involviert war die Bundesregierung, die einen Teil des Kredits in Form einer Bürgschaft absicherte. Es war ein „gutes Geschäft für beide Seiten", wie die „Süddeutsche Zeitung" schrieb[24]. Die energiehungrige Bundesrepublik ergänzte ihre Versorgung mit Erdgas, über das die Sowjetunion in gewaltigem Ausmaß verfügte. Die Sowjetunion wiederum war aus eigener Kraft nicht in der Lage, ein leistungsfähiges Netz von modernen Erdgasleitungen zu bauen. Westdeutsche Technologie nebst Finanzkraft und sowjetischer Rohstoffreichtum ergänzten sich. In den kommenden Jahren folgten weitere Verträge über die Lieferung von Röhren beziehungsweise Erdgas, aber auch ein allgemeiner Handelsvertrag. Die Bundesrepublik stieg zum wichtigsten westlichen Wirtschaftspartner der Sowjetunion auf.

Als Zeichen der deutsch-sowjetischen Annäherung und Kooperationsbereitschaft waren wirtschaftliche Kontakte nicht zu unterschätzen. Sie konnten aber kein Ersatz für eine politische Übereinkunft sein, und sie blieben auch ohne direkte Wirkung bei den Verhandlungen im sowjetischen Außenministerium. Bis sich Gromyko und Bahr auf den Entwurf für den Text eines Gewaltverzichtsvertrags einigen konnten, bedurfte es mehrerer Verhandlungsrunden, die zusammen über 50 Stunden dauerten. Unterstützt wurde Bahr vor allem von Carl Werner Sanne, der schon Bahrs Planungsstab im Auswärtigen Amt angehört hatte, während Botschafter Allardt und seine Mitarbeiter eine Statistenrolle spielten. Gromykos deutschlandpolitischer Fachmann war Valentin Falin, der Leiter der Dritten Europäischen Abteilung im sowjetischen Außenministerium, der 1971 sowjetischer Botschafter in Bonn werden sollte. Darüber hinaus kam Bahr einmal zu einer längeren Unterredung mit Ministerpräsident Kossygin zusammen. Nicht zuletzt sind seine Treffen mit Lednew zu nennen, der ihn regelmäßig über sowjetische Interna ins Bild setzte, zum Beispiel über den Gang von Diskussionen im Politbüro, dem Gromyko zu diesem Zeitpunkt noch nicht angehörte. Dadurch gewann Bahr eine Vorstellung von einzelnen Akteuren

---

[24] Süddeutsche Zeitung vom 3.2.1970: „Ostgeschäfte ohne Politik" (Ernst Berens).

und Instanzen, die auf sowjetischer Seite eine Rolle spielten, und merkte, dass Gromyko nur *ein* Faktor im außenpolitischen Entscheidungsprozess war. Was weder Bahr noch Gromyko selbst wussten: Falin stand in direktem Austausch mit Alexandrow, dem sicherheitspolitischen Berater Breschnews, was zu einer geschmeidigeren Verhandlungsführung beitrug.

Formal fanden nur deutsch-sowjetische Sondierungen statt, ob Verhandlungen über einen Gewaltverzichtsvertrag Aussichten auf Erfolg hatten. Faktisch aber wurde bereits über Inhalte gesprochen, genauer gesagt, vorverhandelt[25]. Einigkeit herrschte über die Agenda, die drei Themenkomplexe umfasste: die territoriale Ordnung in Europa, die Beziehungen zwischen der Bundesrepublik und der DDR und die Lage in und um Berlin[26]. Gerungen wurde um das Wort Anerkennung. Gromyko bestand lange darauf, dass die Bundesrepublik sowohl die DDR als auch die europäischen Grenzen – die sowjetischen und polnischen Westgrenzen ebenso wie die innerdeutsche Grenze – ohne Wenn und Aber anerkannte. Dem setzte Bahr die hinlänglich bekannte Position der Bundesregierung entgegen, die schlechterdings nicht verhandelbar war. Zum einen wiederholte er, die „territoriale Integrität für jeden Staat in Europa" nicht in Frage stellen zu wollen. Oberstes Regulativ in den zwischenstaatlichen Beziehungen sollte der Gewaltverzicht sein. Um das allgemeine Prinzip des Gewaltverzichts ins Konkrete zu wenden und für sowjetische Ohren interessanter zu machen, erläuterte Bahr: „Ein GV-Vertrag ist ein anderes Wort für Grenzvertrag." An dieser Stelle dürfte Gromyko, natürlich ohne es sich anmerken zu lassen, aufgehorcht haben. Bahr bestand auf dem Begriff Gewaltverzicht, fügte aber sogleich eine Erläuterung hinzu, die der sowjetischen Interessenlage entgegen kam. Wenn die Kunst der Diplomatie im Aufzeigen von Berührungspunkten besteht, die ungeachtet vorhandener Differenzen eine Brücke bilden können, so liegt hier ein eindrucksvolles Beispiel dafür vor.

Die zentrale Differenz bestand darin, dass für die Bundesregierung jegliche Aussage zu den Deutschland betreffenden Grenzen unter dem Vorbehalt eines noch ausstehenden Friedensvertrags stand. Eine weitere Einschränkung ergab sich aus dem Themenkomplex deutsch-deutsche Beziehungen. Bahr bekräftigte, dass die Bundesregierung an ihrer „Absicht zur Wiedervereinigung" festhalte. Sie wolle geregelte Beziehungen zur DDR, könne diese

---

[25] Gegenüber der DDR sprach die sowjetische Regierung von Anfang an von „Verhandlungen"; vgl. etwa DzD 6/1, Dok. 63: S. 211–214.
[26] Niederschrift über die Unterredung zwischen Bahr und Gromyko am 30.1.1970; AAPD 1970/1, Dok. 28: S. 105–118, hier S. 112; die folgenden Zitate finden sich ebenda, S. 106f. und S. 113.

aber nicht als Ausland betrachten, ganz abgesehen davon, dass die deutsche
Frage nur vor dem Hintergrund der „besonderen Rechte der Vier Mächte
für ganz Deutschland" behandelt werden könne. Dadurch aber sei die „Souveränität" der Bundesrepublik „gemindert". Auch das Berlinproblem, der
dritte Gesprächskomplex, gehörte in den Kompetenzbereich der für Deutschland als Ganzes verantwortlichen Siegermächte. Darüber konnte Bahr nicht
verhandeln, aber er wollte darüber sprechen. Er erwartete Verbesserungen
für den „Zugang" nach West-Berlin.

   Nach diesem Auftakt hatte Bahr kaum noch Verhandlungsspielraum.
Er hatte offen gelegt, was er anbieten konnte und wo die für ihn nicht
überschreitbare rote Linie verlief. Von Gromyko dagegen konnte er annehmen, dieser sei mit Maximalforderungen angetreten, die nicht das letzte
Wort darstellten. Denn oberste Priorität hatte für die Sowjetunion die Einberufung einer Europäischen Sicherheitskonferenz, die es wiederum ohne
die Bundesrepublik nicht geben würde. „Das ist unser Hebel", hatte Bahr
in der Vorbereitungsphase seiner Moskauer Verhandlungen selbstbewusst
formuliert[27]. Es blieb abzuwarten, wie Gromyko damit umgehen würde.
Zunächst stand ihm eine schwierige Mission bevor, als er in Ost-Berlin und
Warschau über den Verhandlungsbeginn berichtete. Einerseits erhob die
Sowjetunion als Hegemonialmacht den Anspruch, auch Fragen zu behandeln,
die die DDR und Polen betrafen. Andererseits konnte die Supermacht die
Ambitionen ihrer Klientelstaaten auf relative Eigenständigkeit nicht ignorieren. Die DDR-Führung erhielt aus Moskau wiederholt Zusammenfassungen
über den Gang der dortigen Verhandlungen.

   Als aber bekannt wurde, dass Kossygin Bahr zu einer Unterredung empfangen wolle, meldete sich der „Mann mit dem Bart" telefonisch in Moskau
und verlangte Aufklärung über die Hintergründe[28]. Als Gromyko kurz danach
nach Ost-Berlin kam, um umständlich und wortreich über seine ersten
Treffen mit Bahr zu berichten, konnte sich Ulbricht kaum beruhigt fühlen[29].
Denn Gromykos zentrale Frage lautete:

„Wenn es sich in dem Abkommen zwischen der Bundesrepublik und der Sowjetunion oder zwischen Ihrer Republik und der Bundesrepublik erweist, daß es unmöglich
sein wird, eine Formulierung einzubeziehen, die direkt besagt, daß die Bundesrepublik
die DDR völkerrechtlich anerkennt, wenn die Regierung Brandt nicht imstande sein

[27] AAPD 1970/1, Dok. 8, S. 22.
[28] Bahr, Zeit, S. 298. Zur Unterredung zwischen Kossygin und Bahr am 13.2.1970
vgl. AAPD 1970/1, Dok. 54: S. 242–245.
[29] Vgl. DzD 6/1, Dok. 86: S. 293–324; die folgenden Zitate finden sich auf S. 302–305,
S. 309, S. 311, S. 313 und S. 321.

wird, offen und direkt zu erklären, daß sie die DDR völkerrechtlich anerkennt, was sollen wir dann unternehmen?"

Gromyko erbat den Rat der SED-Führung, wartete ihn aber nicht ab, sondern gab sogleich die einer Aufforderung gleichkommende Empfehlung, dann solle man eben auf eine „feierliche Erklärung der Westdeutschen" zur völkerrechtlichen Anerkennung verzichten. Faktisch stehe ja der internationalen Anerkennung der DDR nichts im Wege, auch nicht seitens der Bundesrepublik, die nur darauf bestehe, dass die Beziehungen zwischen den beiden deutschen Staaten von „besonderer Art" seien. Man wisse auch nicht, ob sich die Bonner Regierung würde halten können und „was für eine Regierung nach der Regierung Brandt in Westdeutschland sein wird".

Ulbricht und seinen Mitstreitern in der SED-Führung blieb nur das Lamento über das „Phantasiedach der Nation" und die Beschwörung der Gefahr des westlichen „Einwirkens auf die DDR und andere sozialistische Staaten". Brandt sei „sozusagen der Vorreiter der Liberalisierung in der DDR. Hinter ihm kommt dann das ganze Heer der Revanchisten mitsamt der Bundeswehr." Auch Gromyko sprach beiläufig von der Gefahr der westdeutschen „Zersetzungsarbeit", doch dürfte Ulbrichts überholtes Feindbild wenig Eindruck auf ihn gemacht haben. Was immer sie wert war: Ulbricht erhielt immerhin die Zusicherung, es werde „Konsultationen über die Formulierung der Grenzfragen zwischen der DDR und der Bundesrepublik" geben. Von Lednew erfuhr Bahr wenig später, dass er richtig kalkuliert hatte und Ulbricht zur „Vernunft" gebracht worden war[30]. Denn dieser leiste „keinen Widerstand" mehr[31]. Wesentlich zurückhaltender trat Gromyko in Warschau auf. Dort hatte man tatenlos zusehen müssen, dass in Moskau auch über polnische Angelegenheiten gesprochen wurde – und dies nicht zur Zufriedenheit Polens. Denn für Polen war die definitive und ohne irgendeinen Vorbehalt ausgesprochene Anerkennung seiner Westgrenze eine Lebensfrage. Als Gromyko über die Bonner Haltung berichtete, wollte er auch hier wissen, wie man vorgehen solle, sollten die Fronten erstarren. Er vermied es aber, die Antwort gleich mitzuliefern oder gar größeren Druck auf den polnischen Verbündeten auszuüben. Vielmehr überließ er Gomułka die Antwort, die jegliches Nachgeben ausschloss. Man solle „abwarten, bis die Deutschen für eine Lösung reif sind"[32].

[30] Vgl. oben Anm. 23.
[31] So Bahr am 7.3.1970 in einem Schreiben an Brandt; AAPD 1970/1, Dok. 98, S. 401.
[32] So Gomułka zu Gromyko am 25.2.1970; Valentin Falin, Politische Erinnerungen, München 1993, S. 85.

Wie eine Lösung aussehen könnte, darüber gab es in Bonn und Warschau unterschiedliche Vorstellungen. Grundsätzlich wünschten beide Seiten eine Annäherung. Schon aus wirtschaftlichen Gründen war Polen daran interessiert. Eine „Normalisierung der Beziehungen" könne es jedoch nur geben, wenn die Bundesrepublik die „Endgültigkeit und Unverletzlichkeit der polnischen Westgrenze an Oder und Neiße" anerkenne. Nachdem der polnische Ministerpräsident Cyrankiewicz diese Erklärung im Sejm, dem polnischen Parlament, kurz vor Weihnachten abgegeben hatte[33], wandte sich Bundeskanzler Brandt „persönlich und nicht-öffentlich" mit einem Brief an ihn. Brandt schrieb ihn am ersten Weihnachtsfeiertag 1969 eigenhändig auf seiner Schreibmaschine. In dieser ungewöhnlichen Form warb er um Vertrauen und brachte zugleich die ganze Komplexität der Ostpolitik zum Ausdruck, die sich mit ihrer dreifachen Ausrichtung auf Versöhnung, Sicherheit und Wandel deutlich von der allgemein im Westen verfolgten Entspannungspolitik unterschied. Zum einen lastete die Vergangenheit auf jedem Versuch, zu einem Neustart in den bilateralen Beziehungen zu kommen. Brandt sprach von seinem Wunsch nach „Aussöhnung" zwischen beiden Völkern angesichts der von Deutschen im Krieg begangenen „unsäglichen Verbrechen". Mit Blick auf die Gegenwart bat er um Verständnis dafür, dass die Gespräche mit Polen denen mit der Sowjetunion nachgeordnet sein mussten. Brandt räumte ein, dass aus polnischer Sicht die Frage der Grenze eine „maßgebende Rolle" spielte. Zugleich ließ er durchblicken, es müsse eine „überzeugende Formel" gefunden werden, die sowohl das polnische Sicherheitsbedürfnis befriedige, als auch die Vorstellung von Wandel in der deutschen Frage am Leben halte und einer friedensvertraglichen Regelung nicht vorgreife[34].

Brandts Beschreibung der Gegenwart als Mächtesystem, in dem sich die Bundesrepublik und Polen in sie einengenden „Bindungen" befänden, was im Klartext den Vorrang der Sowjetunion als Hegemonialmacht und die Verantwortung der Siegermächte für Deutschland als Ganzes meinte, und sein Blick in eine – wenn auch ferne – Zukunft, in der Polen ein wiedervereinigtes Deutschland zum Nachbarn haben könnte, gefiel Cyrankiewicz mit Sicherheit nicht. Gleichwohl empfand er Brandts Brief als „ehrlich gemeint". Überbracht wurde das Schreiben abermals von Beitz, der Anfang Januar 1970 von Cyrankiewicz empfangen wurde[35]. Den nächsten Brief

[33] Zit. nach AAPD 1969/2, S. 1441, Anm. 7.
[34] AAPD 1969/2, Dok. 414: S. 1470f.
[35] Vgl. Mieczysław F. Rakowski, Journalist und politischer Emissär zwischen Warschau und Bonn, in: Friedbert Pflüger/Winfried Lipscher (Hrsg.), Feinde werden Freunde.

Brandts an Cyrankiewicz übergab einen Monat später Staatssekretär Georg Ferdinand Duckwitz, der deutsche Verhandlungsleiter in den nun folgenden Gesprächen über einen Gewaltverzichtsvertrag. Auf Brandts Appell zu „Geduld und gutem Willen"[36] reagierte Cyrankiewicz mit „Hochachtung" für den Bundeskanzler, ohne in der Sache Kompromissbereitschaft zu zeigen: „Es gebe keinen Frieden in Europa, solange die Bundesrepublik nicht die jetzt bestehenden Grenzen als unwiderruflich hinnehme und dies vertraglich bestätige." Dazu konnte sich die Bundesregierung nicht verstehen, war aber zu einem symbolischen Zugeständnis bereit. Anders als bisher gedacht sollte in dem zu schließenden Vertrag der Gewaltverzicht nicht mehr als übergeordnetes Prinzip erscheinen. Vielmehr rückte die Aussage zur Grenze jetzt an die erste Stelle. Allerdings sollte die Feststellung, „daß die Oder-Neiße-Linie die Westgrenze Polens bildet", unter einem aus polnischer Sicht störenden Vorbehalt stehen. Die „Vereinbarungen über die Westgrenze Polens" sollten in einer „Friedensregelung für ganz Deutschland" bestätigt werden[37]. Dieser Friedensvertragsvorbehalt löste in Warschau Widerspruch und Enttäuschung aus. Immerhin aber war erreicht, dass der Vertrag den Charakter eines Grenzvertrags annahm.

Polen befand sich in einer misslichen Lage. Dem Land war an einem Vertragsabschluss gelegen, es musste sich aber aus Gründen der Selbstachtung gegen die juristischen und realpolitischen Vorgaben wehren, unter denen die Verhandlungen geführt wurden. Aus polnischer Sicht half es wenig, dass auch die Bundesrepublik selbst davon betroffen war. In ihrer eingeschränkten Souveränität und im eigenen Interesse durfte sie die Rechte der für Deutschland als Ganzes verantwortlichen Vier Mächte nicht übergehen, und angesichts der Machtverhältnisse musste sie den Führungsanspruch der Sowjetunion in Rechnung stellen. Mit dem Bundeskanzler mochte man es bedauern, dass Polen der Moskauer „Richtlinienkompetenz" zu folgen hatte. Zugleich wies Brandt auf die „enge Verzahnung" „zwischen den Gesprächen von Moskau, Warschau und der DDR" hin. Bilaterale Kontakte „im konventionellen Sinn des Wortes" konnte es mit der Sowjetunion als „Führungsmacht des Warschauer Pakts" gar nicht geben. Verhand-

Von den Schwierigkeiten der deutsch-polnischen Nachbarschaft, Bonn 1993, S. 145–159, hier S. 154f.
[36] Zit. nach AAPD 1970/1, S. 163, Anm. 1; das folgende Zitat findet sich in der Aufzeichnung Duckwitz' für Brandt über die Unterredung mit Cyrankiewicz am 5. 2. 1970 (Dok. 37: S. 163f., hier S. 163).
[37] Am 22. 4. 1970 übergebener Entwurf für ein deutsch-polnisches Abkommen; AAPD 1970/1, Dok. 174: S. 644f.

lungen mit ihr berührten „vieles andere", was das Verhältnis der Bundesrepublik zu Ländern des östlichen Bündnisses betraf[38].

Ungeachtet der polnischen oder ostdeutschen Einwände erbrachte die zweite Moskauer Gesprächsrunde in den ersten drei Märzwochen einen „Arbeitstext", in dem die Unverletzlichkeit der „heute bestehenden Grenzen aller Staaten in Europa, einschließlich der Oder-Neiße-Grenze und der Grenze zwischen der BRD und der DDR" festgestellt wurde. Ferner war man sich „einig", dass die Gewaltverzichtsabkommen der Bundesrepublik mit der Sowjetunion, Polen, der Tschechoslowakei und der DDR „ein einheitliches Ganzes bilden"[39]. Es gab noch „neuralgische Punkte"[40], aber das Licht am Ende des Tunnels war deutlich zu erkennen. Um voranzukommen, so meldete Bahr nach Bonn, habe Gromyko die „Weisung" erhalten, „notfalls auch am Sonnabend und Sonntag zu verhandeln"[41]. „Sehr fröhlich" war Bahr vor allem, weil er „mit zunehmender Sicherheit sagen" konnte, „daß die Verständigung über den Inhalt des Abkommens da ist". Darüber hinaus hatte er trotz der strikten sowjetischen Weigerung, das von Bonn gewünschte Offenhalten der deutschen Frage im Vertragstext zu erwähnen, den „Eindruck", eine „Sicherung unseres Wiedervereinigungsvorbehalts" erreichen zu können. Gemeint war damit ein Dokument, der spätere Brief zur deutschen Einheit, in dem die Sowjetunion das Eintreten der Bundesregierung für die Wiederherstellung der deutschen Einheit zur Kenntnis nehmen sollte[42].

Im März 1970 beschleunigte sich der Prozess der europäischen Entspannung. Obwohl die erste Begegnung zwischen Bundeskanzler Brandt und dem Vorsitzenden des Ministerrats Stoph am 19. März in Erfurt ohne greifbare Ergebnisse blieb, war sie doch ein Hinweis auf vorsichtigen Wandel in den deutsch-deutschen Beziehungen. Wenige Tage später, am 26. März, kamen im ehemaligen Berliner Kontrollratsgebäude die Botschafter der Westmächte in Bonn und der sowjetische Botschafter in Ost-Berlin zu den Gesprächen der Vier Mächte zusammen, in denen es im Wesentlichen um bisher nicht existierende klare Regelungen hinsichtlich des Zugangs nach

---

[38] AdsD, SPD-Parteivorstandsprotokolle, Ausführungen Brandts am 20. 2. und 20. 3. 1970.

[39] Von Falin und Botschaftsrat Peckert erstellter „Arbeitstext" vom 11. 3. 1970; AAPD 1970/1, Dok. 114: S. 455 ff., hier S. 456.

[40] PAAA, B 150/199, Fernschreiben Bahrs an das Auswärtige Amt vom 12. 3. 1970.

[41] AdsD, Dep. Bahr 429B/1, handschriftliche Mitteilung Bahrs an Brandt vom 12. 3. 1970.

[42] So Bahr ebenfalls am 12. 3. 1970 an Brandt; AAPD 1970/1, Dok. 115: S. 458 f., hier S. 458.

West-Berlin ging. Ein befriedigendes Berlinabkommen war für die Bundesregierung von Anfang an ein integraler Bestandteil ihrer Ostpolitik. Die
bilaterale Entspannung mit der Sowjetunion und eine Verbesserung der
Lage in und um West-Berlin gingen Hand in Hand. Das eine war ohne das
andere nicht vorstellbar.

Den inneren Zusammenhang der verschiedenen Verhandlungsstränge
betonte die Bundesregierung auch in Washington, wo sich Brandt mit einer
hochrangigen Delegation Anfang April aufhielt. Nixon und Kissinger waren
selbst im Begriff, mit der Sowjetunion in Verhandlungen über die Begrenzung strategischer Waffen (SALT) einzutreten. Ein insgesamt erfolgreicher
Start der deutsch-sowjetischen Verhandlungen über einen Gewaltverzicht
passte perfekt zu ihren eigenen Entspannungsbemühungen. Zugleich war
ihre Rückendeckung für die Bonner Ostpolitik unverzichtbar. Unüberhörbar
war aber auch die verbleibende amerikanische Skepsis in Hinblick auf die
Erfolgsaussichten der Ostpolitik. Kissinger vermochte noch „keine wesentlichen Ergebnisse" zu erkennen, und Nixon, der den „Sozialisten" in Bonn
nicht traute und den „Freunden" in CDU und CSU nachtrauerte[43], wollte
„einige Unsicherheit" im Westen über den außenpolitischen Kurs Bonns
nicht ausschließen[44].

Nicht nur aus amerikanischer Sicht, sondern auch dem eigenen Anspruch
nach stand die Bundesregierung vor einer doppelten Aufgabe. Sie musste
Ergebnisse liefern und Unsicherheiten beseitigen. Die dritte Verhandlungsrunde in Moskau, die Bahr und Gromyko am 12. Mai 1970 eröffneten, war
ein großer Schritt in diese Richtung. Zunächst tat Gromyko so, als stünden
die Gespräche wieder am Anfang. Er versuchte Formulierungen durchzuset-
zen, von denen er wusste, dass keine Bundesregierung sie akzeptieren konnte.
Wiederum ging es um den Grad der Anerkennung der Nachkriegsgrenzen
und um die Natur der Beziehungen zwischen der Bundesrepublik und der
DDR. In beiden Punkten stand Gromyko unter Druck seitens der DDR
und Polens. Ulbricht bestand darauf, dass „nur von völkerrechtlichen Beziehungen" und nicht von „innerdeutschen Beziehungen" gesprochen werde[45].

---

[43] Vgl. die Randbemerkung Nixons zu einem Memorandum von Kissinger vom
17. 7. 1970; Foreign Relations of the United States, 1969–1976, Bd. 40: Germany and
Berlin, 1969–1972, bearb. von David C. Geyer, Washington 2007, Dok. 100: S. 278–
282, hier S. 281, Anm. 4.
[44] Kissinger zu Schmidt am 7. 4. und Nixon zu Brandt am 11. 4. 1970; AAPD 1970/1,
Dok. 146: S. 565–574, hier S. 572, und Dok. 153: S. 591–595, hier S. 595.
[45] So Ulbricht am 4. 5. 1970 in einem Schreiben an Breschnew; DzD 6/1, Dok. 134:
S. 505 f.

Noch „schwieriger" als mit den Ostdeutschen gestaltete sich die Auseinandersetzung mit den Polen. „Deren Empfindlichkeit" werde „von keiner anderen
Nation übertroffen", erfuhr Bahr von Falin. Warschau verlangte unentwegt
die endgültige und unverrückbare Anerkennung seiner Westgrenze. Sollte
Gromyko dies nicht durchsetzen können, dürfe die Sowjetunion „aus Solidarität" mit Polen keinen Vertrag mit der Bundesrepublik schließen[46].

Mit diesen Wünschen und Erwartungen überschätzten die Verantwortlichen in Ost-Berlin und Warschau ihren Einfluss. Gromyko stellte ihre
Position dar, vertrat sie aber nicht. Dass er die Forderungen Polens und
der DDR mit so wenig Nachdruck vorbrachte, setzte ein unmissverständ-
liches Signal: Wichtiger als die Erfüllung von Sonderwünschen der Verbündeten war ihm der Abschluss eines Vertrags mit der Bundesrepublik, der
einen Eckstein in der sowjetischen Westpolitik bildete. Als ob nichts gewesen
wäre, einigten sich die Moskauer Unterhändler auf zehn „Leitsätze", die an
das „Arbeitspapier" vom März anknüpften. Sie bildeten nicht nur die
Grundlage für die letzte Verhandlungsphase, sondern nahmen in den ersten
vier Punkten den späteren Vertragstext mit den Kernaussagen zum Gewaltverzicht und zur territorialen Integrität aller Staaten schon vorweg. Die
weiteren Punkte behandelten den Gesamtzusammenhang aller Ostverträge
und skizzierten die Absichten, von denen sich die Vertragspartner leiten
lassen wollten. Dazu gehörte ein Abkommen über die Beziehungen zwischen
der Bundesrepublik und der DDR, der Beitritt beider deutscher Staaten zur
UNO, die Suche nach einer für die Bundesrepublik und die Tschechoslowakei „annehmbaren Form", das Münchener Abkommen für ungültig
zu erklären, die Fortentwicklung der wirtschaftlichen, wissenschaftlich-
technischen und kulturellen westdeutsch-sowjetischen Beziehungen und
– last but not least – die Zustimmung zu dem „Plan einer Konferenz über
Fragen der Festigung der Sicherheit und Zusammenarbeit in Europa"[47].

Bahrs Verhandlungserfolg bestand darin, dass die Sowjetunion auf die
Begriffe „Anerkennung" und „völkerrechtlich" verzichtete. Polen und die
DDR, die genau darauf bestanden hatten, mussten sich wieder einmal der
sowjetischen „Hegemonialstellung" beugen[48]. Darüber hinaus hatte die UdSSR

[46] Akten zur Auswärtigen Politik der Bundesrepublik Deutschland 1970, Bd. 2: 1. Mai
bis 31. August 1970, bearb. von Ilse Dorothee Pautsch u. a., München 2001, Dok. 220:
S. 821 f., hier S. 821.
[47] Die Leitsätze für einen Vertrag mit der UdSSR vom 20. 5. 1970 finden sich als Dok. 221
in: AAPD 1970/2, S. 822 ff.
[48] So Botschafter Allardt am 27. 5. 1970 in seiner Bewertung der Leitsätze; AAPD 1970/2,
Dok. 238: S. 876 f., hier S. 876.

sich zur Entgegennahme eines Dokuments bereiterklärt, in dem die Bundesregierung ihr politisches Ziel einer Wiedervereinigung bekräftigen konnte.
Schon am 25. Mai 1970 feierte Außenminister Scheel zusammen mit seinen
Amtskollegen aus den USA, aus Großbritannien und Frankreich den Erfolg
der „Mission Bahr". Sie kamen am Vorabend der NATO-Ministerratstagung
in Rom zu ihrem traditionellen Vierertreffen zusammen, das Scheel die
Gelegenheit gab, die von Bahr ausgehandelten „Elemente" des vorgese-
henen Gewaltverzichtsvertrags zu erläutern[49]. Zur näheren Information
wurde den Westmächten der Text der ersten vier Leitsätze übergeben. Doch
jetzt schon konnte sich Scheel der breiten Zustimmung seiner Kollegen
erfreuen.

In Bonn fiel die Reaktion nicht so einhellig aus. Am 27. Mai debattierte
der Bundestag über die Lage, wie sie sich nach dem zweiten Treffen zwischen
Brandt und Stoph, das am 21. Mai in Kassel ohne Annäherung der Stand-
punkte stattgefunden hatte, und nach der Rückkehr Bahrs aus Moskau darstellte. Die CDU/CSU-Opposition malte ein düsteres Zukunftsbild mit der
endgültigen „Spaltung Deutschlands" und der „Vorherrschaft der Sowjetunion über ganz Europa" an die Wand[50]. Aber auch im Regierungslager er-
hoben sich Stimmen, die die Ostpolitik als Kapitulation vor der sowjetischen
Supermacht bezeichneten. Einzelne Abgeordnete der Koalition, namentlich
solche, die im Bund der Vertriebenen engagiert waren, zeigten offen ihre
Ablehnung. Es war abzusehen, dass die ohnehin schmale Mehrheit der Regierung bröckeln würde. Selbst einige Regierungsmitglieder bestanden auf
einer genauen Prüfung der Leitsätze und wollten keinesfalls dem von Bahr
oder Botschafter Allardt empfohlenen Verfahren zustimmen, „so schnell
wie möglich" in die Schlussverhandlungen über den Gewaltverzichtsvertrag
einzusteigen[51]. Innenminister Hans-Dietrich Genscher (FDP) drang darauf,
die Verfassungsmäßigkeit der Leitsätze prüfen zu lassen. Außerdem war dem
„Matador der Bedenken"[52] daran gelegen, bei den Schlussverhandlungen
den Anteil der FDP im allgemeinen und Scheels im besonderen stärker
hervortreten zu lassen. „Dafür ist Raum genug", meinte Bahr nach einem

---

[49] Vgl. AAPD 1970/2, Dok. 236: S. 868–873, hier S. 868f.
[50] Zit. nach Andreas Grau, Gegen den Strom. Die Reaktion der CDU/CSU-Opposition
auf die Ost- und Deutschlandpolitik der sozial-liberalen Koalition 1969–1973, Düssel-
dorf 2005, S. 85f.
[51] So Allardt am 27. 5. 1970 an das Auswärtige Amt; AAPD 1970/2, Dok. 238: S. 876f.,
hier S. 877.
[52] So Bahr über Genscher in einer Aufzeichnung für Brandt vom 10. 6. 1970; AAPD
1970/2, Dok. 255: S. 936f., hier S. 936.

Frühstück mit Genscher[53]. Auch andere Minister zögerten, ihr uneingeschränktes Plazet zu erteilen. Sie stießen sich freilich nicht an der Essenz der Leitsätze, sondern an einzelnen Details in manchen Formulierungen. Mancher wollte wohl auch Bahr den Triumph nicht gönnen, dass auf der Grundlage der von ihm erzielten Ergebnisse sofort zum Verhandlungsabschluss übergegangen werden sollte. Verteidigungsminister Schmidt etwa, der einen Abbau von Spannungen in den Ost-West-Beziehungen unbedingt anstrebte, Bahrs Konzept „Wandel durch Annäherung" jedoch nicht teilte, gehörte keineswegs zu Bahrs enthusiastischen Gratulanten. „Erfolg noch ungewiss", lautete sein Kommentar zum bisher Erreichten. Insgesamt aber stand er „voll hinter den Vertragsverhandlungen" und sprach mit sicherem Gespür für die historische Konstellation von einem „bedeutenden Unternehmen", das „im Erfolgsfalle Willy Brandt (und damit unserer Partei) in der deutschen Nachkriegsgeschichte mindestens den gleichen Rang verschaffen wird wie Konrad Adenauer"[54].

Das Kabinett befasste sich am 4. Juni mit dem Stand der deutsch-sowjetischen Verhandlungen. Nach Scheels Bericht dazu vertagte es sich zu einer Ministerbesprechung, die am 7. Juni, einem Sonntag, stattfand und zu der auch die Fraktionsvorsitzenden Herbert Wehner und Wolfgang Mischnick (FDP) eingeladen wurden. Brandt verfasste zur Vorbereitung ausführliche „Orientierungspunkte". Was er vortrug, beschränkte sich nicht auf die Ostpolitik. Es hatte fast den Charakter eines außenpolitischen Testaments, auf das er seine Zuhörer verpflichten wollte. Ausgehend von einer Analyse der „Weltlage" erläuterte er die unauflösliche Verknüpfung von Deutschland- und Entspannungspolitik. Dem Primat der „Friedenssicherung" verpflichtet betrachtete er die schon bestehende westeuropäische Friedenszone als „Bauelement einer gesamteuropäischen Friedensordnung". Die angestrebten Ostverträge stellten ein weiteres Element dar. Sie könnten eine „friedensvertragliche Regelung" zwar nicht „ersetzen", sie aber „vorbereiten".

Was die „nationalen Fragen" anging, so werde das „Recht auf Selbstbestimmung" durch die geplanten Gewaltverzichtsverträge nicht geschmälert. Die angestrebte Normalisierung in den Beziehungen zur DDR bedeute für die DDR im Verhältnis zur Bundesrepublik „Gleichwertigkeit, nicht Gleichartigkeit". „Mehr Kommunikation" mit der DDR trage zur „Bewahrung

[53] AdsD, Dep. Bahr 84/2, Vermerk Bahrs für Brandt vom 31.5.1970 über sein Treffen mit Genscher am Vortag.
[54] WBA, A8/18, Schmidt an den SPD-Abgeordneten Friedrich Beermann vom 30.7. 1970.

der nationalen Substanz" bei. Die Berlinproblematik fiel zwar in die Ver-
antwortlichkeit der Vier Mächte, Brandt verknüpfte seine Politik aber mit
der Forderung, Berlin dürfe nicht „verkümmern". Positiv formuliert: Die
„Zukunft West-Berlins wird bei Normalisierung gesicherter sein"[55]. Auf
dieser Grundlage verabschiedeten die Minister „Erwartungen", die die
Bundesregierung an die nun bevorstehenden Abschlussverhandlungen mit
der Sowjetunion knüpfte[56]. Bahr konnte sich darin vollauf bestätigt fühlen,
denn die Formulierungen der Leitsätze wurden praktisch unverändert über-
nommen. Alles andere wäre auch realitätsfern gewesen, weil nicht damit zu
rechnen war, dass die Sowjetunion weitere Zugeständnisse machen würde,
auch wenn Breschnew wenig später die Bereitschaft unterstrich, „die Verhandlungen fortzusetzen und sie zu einem guten Ende zu führen"[57].

Die Gespräche mit Polen gingen am 8. Juni 1970 weiter, als der stellvertretende Außenminister Józef Winiewicz zur vierten Verhandlungsrunde
nach Bonn kam. Obwohl keine vollständige Einigung erreicht werden
konnte, sprach Duckwitz doch von einem „positiven Zwischenergebnis"[58].
Offensichtlich war der polnischen Seite an atmosphärischen Aufhellungen
gelegen. Winiewicz zeigte sich von der „Ehrlichkeit des Bundeskanzlers"
überzeugt[59]. Davon seien auch die „maßgeblichen Politiker" Polens durch-
drungen. Mehr noch: Brandt stellte in seinen Augen geradezu die Personifi-
zierung des Entspannungs- und Friedenswillens dar. „Es wäre ein Unglück
für ganz Europa", wenn ihm etwas zustieße[60]. Auch der Besuch von Wirtschaftsminister Schiller in Warschau wenig später, der der Vorbereitung
eines langfristigen Wirtschaftsabkommens galt, trug zur Herstellung einer
„aufgeschlossenen freundschaftlichen Atmosphäre" bei. Außenminister
Jędrychowski wollte „bald zu einem Abschluss" gelangen. Nachdem Polen
seine Hauptforderung nicht hatte durchsetzen können, war der Wunsch
nach wenigstens einem symbolischen Zeichen der Eigenständigkeit im System
der Ostverträge umso dringender, etwa in der Form, das Ratifizierungsver-

[55] WBA, A8/91, handschriftliche Notizen Brandts „Kabinett 7-6-70".
[56] Abgedruckt in: Bulletin des Presse- und Informationsamts der Bundesregierung
79/1970, S. 789.
[57] So Breschnew am 12.6.1970; Leonid Breschnew, Auf dem Wege Lenins. Reden und
Aufsätze, Bd. 3: Mai 1970 – März 1972, Berlin 1973, S. 63.
[58] AAPD 1970/2, Dok. 262: S. 959–965, hier S. 963.
[59] So Duckwitz über ein vertrauliches Gespräch mit Winiewicz am 10.6.1970; AAPD
1970/2, Dok. 254: S. 933ff., hier S. S. 935.
[60] Diese Äußerung kolportierten die Journalisten Podkowinski und Rakowski, die
Winiewicz begleiteten; AdsD, Dep. Bahr 1/EBAA 001036, Aufzeichnung Marksheffels
vom 15.6.1970.

fahren vorzuziehen[61]. Grundsätzlich freilich hatte sich Polen in das Unvermeidliche geschickt, denn die Sowjetunion konnte, wie Bahr noch einmal unterstrich, in ihrem Führungsanspruch keinesfalls „umgangen oder übergangen" werden[62].

All dies galt auch für Ungarn oder Bulgarien. Nur Rumänien weigerte sich, auf das sowjetische Kommando zu hören. Dies unterstrich Ministerpräsident Ion Gheorghe Maurer, als er sich in Bonn aufhielt und gleich zu Beginn auf die „Entwicklung im sozialistischen Lager" und die „in der letzten Zeit" zunehmenden rumänisch-sowjetischen „Spannungen" zu sprechen kam[63]. Zu diesem Zeitpunkt lag eine konfrontative Begegnung zwischen Breschnew und Ceauşescu erst einen Monat zurück. Der rumänische Parteiführer war auf eigenen Wunsch nach Moskau gekommen, um seine Vorstellungen von nationaler Selbständigkeit im Rahmen der Mitgliedschaft seines Landes im Warschauer Pakt zu erläutern. Er zeigte sich gegenüber allem allergisch, was nach Blockdisziplin aussah. Auch eine ungarische Initiative zur Einrichtung eines Rats der Außenminister der Warschauer Pakt-Staaten hatte er Anfang 1970 abgelehnt. Breschnew überzog seinen Gast mit einer wahren Philippika, die das ganze Sündenregister Rumäniens enthielt, angefangen mit dem Alleingang 1967 bei der Aufnahme diplomatischer Beziehungen zur Bundesrepublik und der Weigerung, sich 1968 an der „Hilfe" für die Tschechoslowakei zu beteiligen, bis hin zur abweichenden Haltung im Nahostkonflikt und in Fragen, die China und die geplante Europäische Sicherheitskonferenz betrafen. Generell übersehe man in Bukarest, dass die Bundesrepublik nach wie vor ein „imperialistischer Staat" sei, der die DDR schwächen wolle. Vor dem Hintergrund des Vietnamkriegs geißelte Breschnew auch den enthusiastischen Empfang der Rumänen für Präsident Nixon im August 1969 „mit Tanz, Blumen und Spaziergang durch Geschäfte". Dieses „Kokettieren mit dem Imperialistenführer" habe „nichts mit friedlicher Koexistenz zu tun". Das Ganze gipfelte in einem anklagenden Zweifel: „Uns ist unklar, ob Rumänien zum Warschauer Pakt gehört oder nicht."[64]

Ceauşescu war keineswegs im Büßerhemd nach Moskau gekommen und erläuterte selbstbewusst seine Sicht der Dinge. Dazu gehörte nicht zuletzt

[61] PAAA, B 150/205, Bericht des Leiters der westdeutschen Handelsvertretung in Warschau, Heinrich Böx, vom 26.6.1970.
[62] So Bahr zu Winiewicz am 8.6.1970; AAPD 1970/2, Dok. 253: S. 931ff., hier S. 932.
[63] PAAA, B 150/205, Aufzeichnung über die Unterredung zwischen Brandt und Maurer am 22.6.1970.
[64] ANIC, CC al PCR, Sectia Relatii Externe, 19/1970, Unterredung zwischen Breschnew und Ceauşescu am 19.5.1970.

die Überzeugung, dass die wirtschaftlichen Probleme nicht allein im Rahmen des RGW zu lösen seien. Die Bitte um „Hilfe von außen", das heißt um größere und günstigere Kredite, stand denn auch im Zentrum von Maurers Wünschen, die er in Bonn vorbrachte[65]. Wie so oft in den Beziehungen zwischen dem „reichen" Westen und dem wirtschaftlich rückständigen Osten war die Bundesregierung auch hier mit Erwartungen konfrontiert, die sie nur zum Teil erfüllen konnte. Maurer zeigte dafür Verständnis und zielte im Übrigen mit Nachdruck darauf ab, die rumänische Sonderstellung im Warschauer Pakt herauszustreichen und die Breschnew-Doktrin zurückzuweisen. Man müsse sich endlich von der Gewohnheit lösen, das Ost-West-Verhältnis als Beziehung zwischen Ost- und Westblock zu definieren. Darin konnte auch eine Kritik an der ostpolitischen Praxis der Bundesregierung gesehen werden, die der Sowjetunion in den gerade laufenden Verhandlungen Sonderbefugnisse einräumte. Zugleich verurteilten Brandt und Maurer übereinstimmend das Vorgehen der sowjetischen Militärmacht 1968 gegen die Tschechoslowakei und den anschließenden sowjetischen Truppenaufmarsch an der rumänischen Grenze. In Brandts Privatwohnung waren sie sich kurz nach Mitternacht sogar einig, man müsse bei Äußerungen sowjetischer Spitzenpolitiker auf der Hut sein. Brandt bestätigte seinem Gegenüber: „Ja, sie lügen offenbar aus Gewohnheit."[66]

Ob es sich bei Brandt um ein unverbindliches Eingehen auf den rumänischen Gast handelte oder tatsächlich um eine tief sitzende Schicht in der Wahrnehmung sowjetischer Politiker, in der operativen Politik hatte es kein Gewicht. Bahr, der an der Unterredung mit Maurer teilgenommen hatte, setzte sich jedenfalls am nächsten Morgen gleich an seinen Schreibtisch, um eine längere Aufzeichnung für Brandt zu verfassen, in der er dafür plädierte, genaue „zeitliche Vorstellungen" über den weiteren Gang der Verhandlungen mit Moskau zu entwickeln: „Man muss diese Sache mit der Priorität behandeln, die sie verlangt." In der „Substanz" seien „Änderungen nicht mehr erreichbar", wenn über die „Umformung der Gesprächstexte in Vertragstexte" gesprochen wird[67]. Auch Staatssekretär Frank ging im Auswärtigen Amt davon aus, dass die „Substanz der Bahr-Leitsätze" nicht mehr verändert werde[68].

---

[65] So Maurer zu Brandt am 23.6.1970; AAPD 1970/2, Dok. 276: S.1003–1009, hier S.1005.

[66] AAPD 1970/2, Dok. 278: S.1014–1020, hier S.1019f.

[67] Aufzeichnung Bahrs vom 24.6.1970; AAPD 1970/2, Dok. 280: S.1024–1028.

[68] Aufzeichnung Franks für Scheel vom 24.6.1970; AAPD 1970/2, Dok. 281: S.1029f., hier S.1029.

Ende Juli war es dann so weit. Scheel bezog sich beim ersten Zusammentreffen mit Gromyko auf die „Substanz der Vorgespräche", brachte allerdings auch „Verhandlungswünsche" mit, die zuvor im Auswärtigen Amt ausgearbeitet worden waren und sowohl die persönliche Rolle Scheels als auch das Gewicht des Auswärtigen Amts bei der abschließenden Verhandlungsrunde unterstreichen sollten[69]. Während auf sowjetischer Seite der Außenminister kontinuierlich an den bisherigen Verhandlungen beteiligt gewesen war, hatte die westdeutsche Gesprächsführung bis dahin eindeutig das Kanzleramt bestimmt. Scheels Ausgangsposition war klar umrissen und beruhte auf den vom Kabinett am 23. Juli verabschiedeten „Instruktionen". Neben anderen Punkten enthielten sie die bekannten Grundpositionen. Abermals wurde der innere Zusammenhang zwischen dem angestrebten deutsch-sowjetischen Vertrag und einem erfolgreichen Abschluss der Vier-Mächte-Gespräche über Berlin herausgestellt. Ferner wollte die Bundesregierung den Moskauer Vertrag als „Fixierung eines Modus vivendi" verstanden wissen. Damit sollte signalisiert werden, dass die deutsche Frage als offen angesehen und die „Zusammengehörigkeit der deutschen Nation" nicht in Frage gestellt wurde[70].

Als neues Element brachte Scheel den Wunsch nach einer Präambel ein, die den friedensvertraglichen Vorbehalt enthalten sollte. Als brisant erwies sich seine Vorstellung, die Achtung der territorialen Integrität aller Staaten in ihren aktuellen Grenzen aus dem Prinzip des Gewaltverzichts abzuleiten. Damit wurde in Scheels Vertragsentwurf der „Grenzartikel dem GV-Artikel unterstellt"[71] und die Möglichkeit offengehalten, Grenzen friedlich zu verändern, ganz wie Bahr es schon in seiner ersten Begegnung mit Gromyko ausgeführt hatte. Scheel erging es damit nicht anders als Bahr sechs Monate zuvor. Energisch erinnerte Gromyko daran, dass die Sowjetunion in der Grenzfrage schon durch ihren Verzicht auf den Begriff „Anerkennung" ein weitreichendes Zugeständnis gemacht habe. Die Verknüpfung von Gewaltverzicht und Grenzfrage komme nicht in Betracht: „Das ist unannehmbar. Man könnte am Tage nach Abschluss des Abkommens den Kampf um die Revision der Grenzen härter weiterführen als zuvor."[72] Es dauerte einige Tage, bis dieser Dissens ausgeräumt war, und zwar mit Hilfe von Kontakten, die über Lednew und Keworkow direkt ins Zentrum der Macht liefen.

---

[69] AAPD 1970/2, Dok. 334: S. 1236f., hier S. 1236.
[70] AAPD 1970/2, Dok. 328: S. 1222ff.
[71] Aufzeichnung des Ministerialdirektors von Staden vom 15.7.1970; AAPD 1970/2, Dok. 310: S. 1169f.; der Vertragsentwurf findet sich als Dok. 338 (S. 1265f.) ebenda.
[72] So Gromyko während des Treffens der Delegationen am 29.7.1970; AAPD 1970/2, Dok. 340: S. 1274–1281, hier S. 1276.

Daran war auch Falin beteiligt sowie – natürlich – Bahr, der ansonsten in dieser Phase eher im Hintergrund blieb und nur gelegentlich von Scheel in Plenumssitzungen um Kommentare gebeten wurde. Die Entscheidung fiel im Politbüro, das Gromykos Haltung revidierte und den deutschen Wunsch akzeptierte, den Bahr „mit letztem Ernst als ein essential dargestellt" hatte[73]. Mit diesem achtbaren Ergebnis wollte sich Brandt freilich noch nicht zufrieden geben. Der Bundeskanzler meinte aus Bonner Distanz, man solle noch auf eine „Berlin-Erklärung" drängen. Das sowjetische Interesse an einem Vertragsabschluss sei so groß, dass es, „was Berlin angeht", zu schaffen sei, „,Butter zu die Fische' zu tun."[74] Doch Brandt irrte sich. Unter Verweis auf die Gespräche der Vier Mächte war Gromyko noch nicht einmal bereit, einen einseitigen Brief der Bundesregierung zu Berlin entgegenzunehmen.

Am 7. August 1970 paraphierten die beiden Außenminister den Vertrag. Wo die Unterzeichnung stattfinden sollte, war noch offen. Scheel lud nach Bonn ein, aber auf Drängen der sowjetischen Regierung fand die Zeremonie in Moskau statt. Auch legte die sowjetische Seite großen Wert darauf, dass der Bundeskanzler dazu eigens nach Moskau kam. Am 12. August 1970 setzten er und Kossygin sowie Scheel und Gromyko im Katharinensaal des Kreml ihre Namen unter das Dokument. Exakt zur gleichen Stunde übergab der Kanzler der westdeutschen Botschaft im sowjetischen Außenministerium gegen Quittung den Brief zur deutschen Einheit, in dem die Bundesregierung festhielt,

„daß dieser Vertrag nicht im Widerspruch zu dem politischen Ziel der Bundesrepublik Deutschland steht, auf einen Zustand des Friedens in Europa hinzuwirken, in dem das deutsche Volk in freier Selbstbestimmung seine Einheit wiedererlangt"[75].

Der Moskauer Vertrag zählt zu den Schlüsseldokumenten in der Geschichte der westdeutschen Außenpolitik. Auf die Verträge der Adenauer-Ära, die die Westbindung der Bundesrepublik begründet hatten, folgte nun in der Ära Brandt ein Vertrag, der den Prozess der Annäherung an die Staaten des Warschauer Pakts unumkehrbar machen und der weiteren Normalisierung in den Ost-West-Beziehungen dienen sollte. Er stieß das Tor zu einer Entwicklung auf, die die Auswirkungen der Teilung Deutschlands und Europas

---

[73] So Bahr an Brandt vom 1. 8. 1970; AAPD 1970/2, Dok. 352: S. 1335 ff. hier S. 1336.
[74] Brandt an Bahr vom 3. 8. 1970; AAPD 1970/2, Dok. 358: S. 1362–1365, hier S. 1363 und S. 1365.
[75] Der Moskauer Vertrag und der hier zitierte Brief zur deutschen Einheit sind abgedruckt in: Bender, Neue Ostpolitik, S. 299 ff.

abmilderte. Auf der Basis der Westverankerung erweiterte die Bundesrepublik ihren Handlungsspielraum nach Osten und agierte für die verbleibende Dauer des Ost-West-Konflikts als Ausgleichsmacht mit dem Ziel, den Grad der Sicherheit in Europa zu erhöhen.

Über die Außenpolitik hinaus war der Moskauer Vertrag Teil des umfassenden Wandels, der die Bundesrepublik in der zweiten formativen Phase ihrer Geschichte prägte. Dazu gehörten gesellschaftliche und kulturelle Veränderungen ebenso wie der Reformeifer der politischen Eliten. All dies wurde mit allen darin angelegten Chancen und Gefährdungen als Umbruch empfunden und entsprechend kontrovers diskutiert. Die Ostpolitik rief zum Teil erbitterte Auseinandersetzungen hervor. Ihre Gegner führten ins Feld, es werde eine Verzichtspolitik betrieben und die Bedrohung seitens der Sowjetunion verharmlost. Die Befürworter argumentierten, es gehe „nichts verloren", was „nicht längst verspielt" worden sei. Mit dieser Formulierung, die Brandt am 12. August in einer aus Moskau gesendeten Fernsehansprache gebrauchte[76], wies der Bundeskanzler den Vorwurf zurück, seine Regierung gebe nationale Interessen preis. Er verdeutlichte, dass der Verzicht auf die ehemals deutschen Gebiete Westpolens der Preis war, den die Deutschen für den von ihnen begonnenen und verlorenen Krieg zu zahlen hatten. „Wir wissen, welches das Ergebnis des Krieges ist", hatte auch Wolfgang Mischnick, der Fraktionsvorsitzende der FDP im Bundestag, unterstrichen[77].

Der deutsch-sowjetische Vertrag wie auch die folgenden Verträge mit Polen und der Tschechoslowakei sollten nicht nur helfen, aus dem Schatten des Zweiten Weltkriegs herauszutreten. Sie dienten auch dazu, die Belastungen abzubauen, die aus dem Kalten Krieg herrührten. Daran mussten beide Seiten mitwirken. Ihren Willen dazu unterstrichen sowohl der sowjetische Parteichef Breschnew als auch Bundeskanzler Brandt. Direkt nach der Unterzeichnung des Moskauer Vertrags fand zwischen beiden eine vierstündige Begegnung statt. Die lange Dauer darf aber nicht darüber hinwegtäuschen, dass es sich über weite Strecken um eine hauptsächlich von Breschnew bestrittene monologische Veranstaltung und noch nicht um einen Dialog handelte. Breschnew erging sich in langen Ausführungen, die er überwiegend von vorbereiteten Texten ablas und mit denen er seinem Gast nichts Neues sagte. Aber er wollte die Gelegenheit des ersten Treffens mit dem Bundeskanzler offenbar nutzen, einige Punkte zu betonen, die er für „Kardinal-

[76] Vgl. Peter Merseburger, Willy Brandt 1913–1992. Visionär und Realist, Stuttgart 2002, S. 610.
[77] ADL, FDP-Bundesvorstand 161, Protokoll der Sitzung am 25. 4. 1970.

fragen" hielt. Erstens ermunterte er die Bundesrepublik zu einer gegenüber ihren Bündnispartnern „selbständigen" Politik, wie es de Gaulle vorgemacht habe. Zweitens ließ er keinen Zweifel daran, dass dies für seinen eigenen Machtbereich keine Geltung hatte. Er sprach von der Einheit der „sozialistischen Staatengemeinschaft". Insbesondere bestand er auf der Abgrenzung der DDR von der Bundesrepublik. Man rede „viel von Nation, Einheit der Nation und besonderen Beziehungen". Es komme aber darauf an, die dieser Sicht entgegenstehenden „Realitäten" zu erkennen. Breschnew würdigte ausdrücklich Brandts Verdienste um die deutsch-sowjetische Annäherung. Mit großer Eindringlichkeit verdeutlichte er jedoch zugleich seinen „Hauptgedanken hinsichtlich der DDR", die er ein unverrückbares „Resultat des Zweiten Weltkriegs" nannte[78].

Wie ernst es ihm damit war, hatte er kurz zuvor auch Honecker vor Augen geführt. Brandts Vorstellungen von der „Einheit der Nation" sei entschieden entgegenzutreten. Es gebe „keine Einheit zwischen sozialistischer DDR und kapitalistischer Bundesrepublik". Ganz im Gegenteil, sagte Breschnew voraus, der „Graben" werde „noch tiefer" werden. Hintergrund waren Unstimmigkeiten im Politbüro der SED und Ulbrichts Vorstellung von größerer Eigenständigkeit der DDR. Breschnew warnte Honecker vor jeglicher „Annäherung" an die Bundesrepublik. Denn Brandt habe „andere Ziele als wir" und strebe die „Liquidierung" der DDR an. Für Breschnew war die DDR

„ein wichtiger Posten. Sie ist das Ergebnis des II. Weltkrieges, unsere Errungenschaft, die mit dem Blut des Sowjetvolkes erzielt wurde. Ich habe bereits einmal gesagt, daß die DDR nicht nur eure, sondern unsere gemeinsame Sache ist."

Die Beschreibung der sowjetischen Interessenlage verknüpfte Breschnew mit der Ermahnung, es nie an Linientreue mangeln zu lassen: „Erich, ich sage Dir offen, vergesse das nie: Die DDR kann ohne uns, ohne die Sowjetunion, ihre Macht und Stärke, nicht existieren. Ohne uns gibt es keine DDR."[79]

Brandt gegenüber drückte sich Breschnew zurückhaltender, wenn auch in der Sache nicht weniger deutlich aus. Im weiteren Verlauf versuchte Breschnew den Bundeskanzler davon abzubringen, die Ratifizierung des Moskauer Vertrags von einem Erfolg der Berlinverhandlungen abhängig zu machen. Er stellte zwar eine „annehmbare Lösung" für West-Berlin in Aussicht, wollte den Moskauer Vertrag aber davon losgelöst „so schnell wie möglich" ratifiziert sehen. Diesen sowjetischen Grundpositionen stellte Brandt

[78] AAPD 1970/2, Dok. 388: S. 1449–1464, hier S. 1451 und S. 1453f.
[79] So Honeckers Aufzeichnung über sein Gespräch mit Breschnew am 28.7.1970 in Moskau; DzD 6/1, Dok. 167: S. 669–674.

die Kernelemente seiner Politik entgegen. Seine Ostpolitik sei kein nationaler Alleingang, sondern in die NATO und die EG eingebettet. Zur DDR unterstrich er die bekannte Position der Bundesregierung und zu West-Berlin forderte er eine Lösung, die die „wirtschaftlichen Beziehungen" zwischen der Bundesrepublik und West-Berlin „nicht stört" und eine „vereinfachte Regelung der Zufahrt" garantiert. Darüber hinaus wies Brandt auf ein „Kernproblem" hin, dem man „nicht ausweichen dürfe". Man müsse zu einer Verringerung der „Rüstungen und Truppen in Zentraleuropa" kommen[80].

Bei aller Betonung des guten Willens war deutlich zu spüren, wo die Differenzen lagen. Wie sich in den kommenden Jahren zeigen sollte, konnten sie niemals ausgeräumt werden. Die Bundesrepublik war nicht bereit, den Status quo des sowjetischen Imperiums und der Teilung Deutschlands dauerhaft hinzunehmen. West-Berlin blieb trotz der Vier-Mächte-Vereinbarung von 1971 eine Quelle endloser Dispute. Eine Truppenreduktion zur Bekräftigung des Entspannungswillens kam nicht in Sicht, ganz zu schweigen von den ideologischen Gegensätzen zwischen dem Sozialdemokraten Brandt und dem Kommunisten Breschnew. Worauf es ankam, war ein pragmatischer Umgang mit den unterschiedlichen Standpunkten. Dem sollte der „Kanal" zwischen Kreml und Kanzleramt dienen, der sich bereits bewährt hatte und dessen Fortführung und Vertiefung ausdrücklich verabredet wurde. Zusätzlich zu den offiziellen Regierungskontakten wollte man sich „inoffizielle Mitteilungen" zukommen lassen[81].

Obwohl der Entspannungskurs der Bundesrepublik darauf abzielte, eine Vertrauensbasis zwischen den westlichen und östlichen Staaten zu schaffen, bewirkte der erste Durchbruch dieser Politik zunächst Argwohn, und zwar sowohl im Westen als auch im Osten. Grund dafür waren Spekulationen über die Natur und die möglichen Folgen der wechselseitigen Annäherung. Niemand brachte dies beredter zum Ausdruck als Verteidigungsminister Helmut Schmidt, der nicht in die Einzelheiten der Verhandlungsführung eingeweiht war. In einem handgeschriebenen Brief warnte er Brandt vor „öffentlichem Überschwang". Möglicherweise stehe man am Beginn einer „neuen Ära" im Verhältnis zum „Osten". Geboten aber sei jetzt vor allem, die „Zugehörigkeit zu unseren westlichen Bündnispartnern" klar herauszustellen. Auch Schmidt wusste natürlich, dass dies über die Maßen oft geschehen war. Aber in einem Akt vorauseilender Anpassung an unterschwellige westli-

---

[80] AAPD 1970/2, Dok. 388, S. 1455, S. 1459 und S. 1461 f.
[81] Aufzeichnung Brandts über sein Gespräch mit Breschnew am 12.8.1970; AAPD 1970/2, Dok. 401: S. 1504–1508, hier S. 1505.

che Vorbehalte drängte er auf die „*sofortige* Unterrichtung" der Westmächte[82].
Was Schmidt umtrieb und wo es auch keinerlei Dissens mit Brandt gab,
war die Einsicht in die Langlebigkeit des „Rapallo-Gespensts"[83]. Mit dem
1922 geschlossenen Vertrag von Rapallo hatten die Weimarer Republik und
die Sowjetunion diplomatische Beziehungen aufgenommen. Schon seiner-
zeit wurde dahinter zu Unrecht eine exklusive Hinwendung Deutschlands
nach Osten vermutet. Auch fast 50 Jahre später geisterte diese Vorstellung
noch immer durch westliche Amtsstuben und Zeitungsredaktionen. Das
„Rapallo-Gespenst" hatte mit der Wirklichkeit wenig zu tun, als Quelle
von Misstrauen aber war es höchst real und sollte die Bonner Ostpolitik
auch weiterhin begleiten. Kissinger etwa war nicht frei davon. Alle Genera-
tionen seien bisher mit einem „deutschen Problem" konfrontiert gewesen.
Nun stehe die Welt wieder davor; sein Name laute Ostpolitik. Kissinger
wollte sich vom Moskauer Vertrag nicht offen distanzieren, aber es erschien
ihm auch unangebracht, sich mit einem Vertrag zu identifizieren, den die
USA nicht ausgehandelt hätten und der von „unseren Freunden in der
CDU" abgelehnt werde[84]. Einerseits begrüßte das Weiße Haus die Normalisierung der westdeutschen Ostbeziehungen. Andererseits hatte man in
Washington durchaus verstanden, dass die deutsche Ostpolitik – anders als
die amerikanische *Détente*-Politik – im Kern auf die Überwindung des Status
quo zielte. Kein Wunder also, dass amerikanische Sicherheitsexperten bei
„allzu ausgedehnten" ostpolitischen Aktivitäten destabilisierende Auswirkungen auf die beiden Bündnissysteme befürchteten[85].

Mit solchen Vorbehalten musste die Bundesregierung bei allen Schritten ihrer Ostpolitik rechnen. Vorerst konzentrierte sich Bonn freilich auf
den ersten Schritt, auf die Normalisierung der Beziehungen auf der Grundlage des territorialen Status quo. Nichts anderes war im Moskauer Vertrag
niedergelegt worden, in dem die „Grenzen aller Staaten in Europa als un-
verletzlich" bezeichnet wurden. Als die Spitzen des Warschauer Pakts schon
am 20. August 1970 in Moskau zusammenkamen, beglückwünschten sie
sich zu diesem Verhandlungsergebnis. Überwiegend kreiste die Diskussion

---

[82] So Schmidt am 13.8.1970 in einem Schreiben an den Kanzler; Brandt. Berliner
Ausgabe, Bd. 6, Dok. 42: S. 325 ff., hier S. 326.
[83] Brandt, Begegnungen und Einsichten, S. 456.
[84] AMAE, Série Europe, Sous-Série République Fédérale d'Allemagne 1542, Aufzeichnung des französischen Botschafters Lucet über ein Gespräch mit Kissinger am
7.8.1970.
[85] RNPL, National Security Council, HAK Office Files 59, National Security Decision
Memorandum 91 vom 6.11.1970: United States Policy on Germany and Berlin.

aber darum, welche Auswirkungen die Annäherung zwischen Ost und West haben könnte und wie relevant Grenzaussagen in der gegebenen historischen Konstellation überhaupt waren. Einerseits wurden Grenzen respektiert, andererseits herrschte eine transnationale ökonomische, wissenschaftlich-technische und kulturelle Dynamik, die an territorialen Demarkationslinien nicht haltmachte. Was nützte es mittelfristig, wenn Bonn die Unverletzlichkeit der Grenzen zusicherte, zugleich aber die Bedeutung von Grenzen neu definierte? Grenzen blieben bestehen, aber sie wurden im Zuge der Normalisierung der Ost-West-Beziehungen durchlässig.

Die in Moskau versammelten Parteiführer, obwohl an Kategorien des Internationalismus durchaus gewöhnt, diskutierten diese Frage nicht im Sinne einer Zeitdiagnose und wollten nicht wissen, ob das Konzept der Territorialität historisch betrachtet womöglich an Erklärungskraft zu verlieren begann. Sie begegneten den Impulsen aus dem Westen, denen sie sich aus wirtschaftlichen Gründen nicht entziehen konnten, mit einer defensiven Haltung. Ceauşescus Vorstellung, es sei jetzt für alle Staaten des Warschauer Pakts der Zeitpunkt zur Aufnahme diplomatischer Beziehungen gekommen, wurde abgelehnt. Stattdessen waren Warnungen vor dem „Eindringen" des Klassenfeinds hören, ebenso Aufrufe zur Geschlossenheit des sozialistischen Lagers. Dieser Appell galt nicht zuletzt der DDR. Überaus deutlich fiel wieder einmal der Kommentar Gomułkas aus. „Mit besonderem Vergnügen" nahm er die Absicht der DDR zur Kenntnis, „die Beziehungen zu den sozialistischen Ländern politisch und wirtschaftlich zu festigen"[86]. Im Klartext meinte er damit, dass die DDR die anderen Warschauer-Pakt-Staaten an den wirtschaftlichen Vorteilen teilhaben lassen müsse, die sie aus ihren Sonderbeziehungen mit der Bundesrepublik zog. Auch Breschnew zielte in diese Richtung, wenn er einen Verzicht auf ostdeutsche „nationale Überheblichkeit" anmahnte[87]. Ulbricht konnte sich der Erwartung nach stärkerer Zusammenarbeit natürlich nicht entziehen. Aber er pochte auf ein Mindestmaß an Eigenständigkeit: „Wir sind nicht Bjelorussland, wir sind kein Sowjetstaat."[88]

---

[86] So Gomułka während der Sitzung des Politischen Beratenden Ausschusses des Warschauer Pakts in Moskau am 20.8.1970; Karl-Heinz Schmidt, Dialog über Deutschland. Studien zur Deutschlandpolitik von KPdSU und SED (1960–1979), Baden-Baden 1998, S. 255.
[87] So Breschnew zu Honecker am Rande der Sitzung; DzD 6/1, Dok. 191: S. 755–760, hier S. 759.
[88] Gemeinsame Sitzung der ZK-Delegationen aus der Sowjetunion und der DDR am 21.8.1970 in Moskau; DzD 6/1: Nr. 192: S. 761–765, hier S. 765.

Das nächste Gipfeltreffen des Warschauer Pakts fand bereits Anfang
Dezember 1970 in Ost-Berlin statt. Anlass war die bevorstehende Unterzeichnung des „Vertrags zwischen der Bundesrepublik Deutschland und
der Volksrepublik Polen über die Grundlagen der Normalisierung ihrer
gegenseitigen Beziehungen". Mit diesem Vertrag wurde in den Worten
Gomułkas der „Prozess" vorangetrieben, „die Seiten des letzten Krieges zu-
zuschlagen und eine Basis für die Normalisierung der Beziehungen zu
schaffen"[89]. Auch Breschnew wertete den Vertrag zusammen mit dem
Moskauer Vertrag als „Umbruch in der europäischen politischen Situation".
Zugleich beunruhigten ihn offenbar die Risiken, die die Annäherung der
beiden deutschen Staaten mit sich brachte. Wie früher schon bestand er
auf der „Trennung aller Fäden, die das Land in die Vergangenheit ziehen".
Zentrales Thema der Konferenz war die weitere Gestaltung der Ost-West-
Beziehungen in Europa, sowohl in den bilateralen Beziehungen, wo alles
vom Fortgang der Ratifizierungsverfahren und von den weiteren Verhand-
lungen zwischen der Bundesrepublik und der DDR beziehungsweise der
Tschechoslowakei abhing, als auch auf der multilateralen Ebene, wo die
Berlinverhandlungen anstanden und das zentrale Projekt sowjetischer
Europapolitik, die Europäische Sicherheitskonferenz, vorbereitet werden
musste.

Polen hatte sich, wie gesehen, vergeblich gegen die Bevormundung seitens
der Sowjetunion gewehrt. Immerhin aber war es gelungen, den Warschauer
Vertrag – im Unterschied zum Moskauer Vertrag – als Grenzvertrag und
nicht als Gewaltverzichtsvertrag erscheinen zu lassen. Was für die Bundesrepublik im Moskauer Vertrag von symbolischem Wert war, nämlich die
Aussage zur Grenze aus dem Gewaltverzicht abzuleiten, galt nun umgekehrt.
Für Polen war es wichtig, den Gewaltverzicht erst in Artikel II zu nennen.
In Artikel I stellten die Vertragspartner „übereinstimmend" fest, dass die
„westliche Staatsgrenze" Polens an Oder und Neiße entlang verlief[90]. Das
war eine Feststellung über den damaligen Zustand, aber keine völkerrechtlich verbindliche und damit für die Zukunft unumstößliche Aussage.
Die Bundesregierung begründete diesen Vorbehalt mit den Grenzen, die
ihr der „Rahmen ihrer Souveränität" steckte, wie Brandt gegen Ende der
Verhandlungen noch einmal unterstrich[91]. Die volle völkerrechtliche An-

[89] Niederschrift zur Konferenz des Beratenden Ausschusses der Mitglieder des Warschauer Pakts am 2.12.1970; DzD 6/1, Dok. 239: S.913–933, hier S.914; die folgenden
Zitate finden sich ebenda, S.926 und S.931.
[90] Der Vertrag findet sich abgedruckt in: Bender, Neue Ostpolitik, S.302ff.
[91] So Brandt am 27.10.1970 in einem Schreiben an Cyrankiewicz; Akten zur Auswärti-

erkennung der Grenze erfolgte in der Tat erst 1990 im Zuge der Verhandlungen, die zur Vereinigung der beiden deutschen Staaten führten.

Für die polnische Führung war es wichtig, dass im Vertragstext selbst „keine Berufung auf den Friedensvertrag" vorkam[92] und dass sich die Bundesregierung mit einer bloßen „Information" zur Ausreisemöglichkeit von Menschen „deutscher Volkszugehörigkeit" zufrieden gab[93]. Schon der Streit über die Zahl von Ausreisewilligen ließ erkennen, wie weit man von einer Lösung dieses Problems entfernt war. Als Brandt und Scheel am 6. Dezember 1970 zur Unterzeichung des Warschauer Vertrags in die polnische Hauptstadt kamen, die die Deutschen im Zweiten Weltkrieg dem Erdboden gleichgemacht hatten, gaben beide Seiten ähnliche Erklärungen ab. Es handele sich erst um den „Beginn des Normalisierungsprozesses"[94], für den man viel „Geduld" aufbringen müsse[95]. Der „Prozess der Annäherung" werde „nicht ein oder zwei, sondern mindestens zehn Jahre" dauern[96]. Für die Zukunft ging es darum, auf den „Grundlagen der Normalisierung", wie es im Titel des Warschauer Vertrags hieß, aufzubauen. Die Brücke, über die man gehen wollte, gab es noch nicht. Angesichts der Wunden, die die jüngste Vergangenheit geschlagen hatte, waren Illusionen nicht angebracht. Polen hatte eine brutale Besatzungs- und Vernichtungspolitik erlebt, zudem hatten die Siegermächte das Land bei Kriegsende nach Westen „verschoben", was das Trauma der unsicheren Grenzen zur Folge hatte und für Deutschland den Verlust großer Gebiete nach sich zog. Flüchtlinge und Vertriebene gab es also in beiden Ländern.

Als deutschen Beitrag zur Normalisierung erwartete Polen Wirtschaftshilfe und Entschädigungszahlungen für die Opfer der NS-Herrschaft. In der Bundesrepublik schwankten die Vertriebenenverbände zwischen der Selbstverpflichtung zu Gewaltlosigkeit und ihrer Forderung nach einem Recht auf Heimat. Die Stimme der Funktionäre, die gegen die Ostpolitik

gen Politik der Bundesrepublik Deutschland 1970, Bd. 3: 1. September bis 31. Dezember 1970, bearb. von Ilse Dorothee Pautsch u. a., München 2001, Dok. 405: S. 1846 ff., hier S. 1847.
[92] So Gomułka am 2. 12. 1970; DzD 6/1, Dok. 239, hier S. 914.
[93] Diese „Information über Maßnahmen zur Lösung humanitärer Probleme" ist abgedruckt in: Bender, Neue Ostpolitik, S. 304 ff.
[94] So Gomułka am 7. 12. 1970 zu Brandt; AAPD 1970/3, Dok. 589: S. 2201–2220, hier S. 2201.
[95] So Brandt am 7. 12. 1970 zu Cyrankiewicz; AAPD 1970/3, Dok. 588: S. 2195–2201, hier S. 2197.
[96] So Brandt am 6. 12. 1970 zu Gomułka; Brandt, Begegnungen und Einsichten, S. 533; das folgende Zitat aus der Fernsehansprache Brandts findet sich ebenda, S. 525.

und insbesondere gegen den Warschauer Vertrag Sturm liefen, war nicht unbedingt repräsentativ für die Deutschen, die aus den verlorenen Ostgebieten stammten. Doch wie schwer es fiel, die „Wirklichkeit anzuerkennen", wozu Brandt in einer aus Warschau übertragenen Fernsehansprache aufrief, zeigt das Beispiel der aus Ostpreußen stammenden Marion Gräfin Dönhoff. Als Chefredakteurin der „Zeit" gehörte sie ohne Einschränkung zu den publizistischen Unterstützern der Ostpolitik. Aber sie konnte es nicht über sich bringen, Brandts Einladung anzunehmen, als Mitglied einer größeren Delegation die politische Führung der Bundesrepublik nach Warschau zu begleiten. Sie wollte nicht dabei sein, wenn das längst errichtete „Kreuz auf Preußens Grab" nun als unverrückbar bestätigt wurde[97]. Brandt wandte sich insbesondere an diejenigen, die ihre Heimat verloren hatten, als er betonte, der Vertrag bedeute nicht,

„daß wir Unrecht anerkennen oder Gewalttaten rechtfertigen. Er bedeutet nicht, daß wir Vertreibungen nachträglich legitimieren. [...] Uns schmerzt das Verlorene, und das leidgeprüfte polnische Volk wird unseren Schmerz respektieren."[98]

In seiner Fernsehansprache aus Warschau erinnerte Brandt auch an die „Hölle auf Erden", an Auschwitz. Das Arbeits- und Vernichtungslager war nur eines von mehreren Lagern auf polnischem Territorium. Andere „Höllen" waren die Ghettos in Łodz oder Warschau, wo die Juden zusammengepfercht lebten und – sofern sie überlebten – auf ihre Reise in den Tod warten mussten. Im Warschauer Ghetto wagten sie im Herbst 1943, als die letzten 60.000 von ursprünglich 500.000 Juden in die Vernichtungslager deportiert werden sollten, einen bewaffneten Aufstand. Er war ein Zeichen des Widerstands, wenn auch militärisch von vornherein aussichtslos. Am Ende stand die vollständige Liquidierung des Ghettos. Daran erinnert in Warschau ein Mahnmal, an dem Brandt einen Kranz niederlegte. Am „Abgrund der deutschen Geschichte" wollte er aber die „Besonderheit des Gedenkens" dadurch ausdrücken, dass er auf die Knie fiel[99]. In diesem Augenblick und von diesem Moment ausgehend war die Körpersprache eindringlicher als alle Worte. Brandts „Abbitte" für ein „millionenfaches Verbrechen"[100] ist inzwischen selbst unweit des Ghetto-Denkmals mit einer Gedenktafel ge-

---

[97] Die Zeit vom 20.11.1970: „Ein Kreuz auf Preußens Grab. Zum deutsch-polnischen Vertrag über die Oder-Neiße-Grenze" (Marion Gräfin Dönhoff).
[98] Brandt, Begegnungen und Einsichten, S. 526.
[99] Willy Brandt, Erinnerungen, Frankfurt 1989, S. 214.
[100] So der Kanzler gegenüber dem „Spiegel"; Brandt. Berliner Ausgabe, Bd. 6, Dok. 48: S. 348–351, hier S. 351.

würdigt worden. In den Wochen nach dem 7. Dezember 1970 rief seine
symbolische Geste ein unterschiedliches Echo hervor. In der Bundesrepublik
überwogen die ablehnenden Stimmen. Die polnische Presse veröffentlichte
das weltweit verbreitete Bild gar nicht. Nur eine in jiddischer Sprache erscheinende Zeitung publizierte es. Die breitere Öffentlichkeit bekam das
Foto von Brandts Kranzniederlegung am Grab des unbekannten Soldaten
zu sehen. Der Kniefall wurde international zur Ikone der Ostpolitik. Für die
deutsch-polnischen Beziehungen dagegen bedeutete er zunächst eine störende
Randerscheinung. An das bis heute viel diskutierte schwierige und nicht
eindeutige Verhältnis der polnischen zur jüdischen Bevölkerung wollte die
Warschauer Führung nicht rühren lassen.

Mit den Verträgen von Moskau und Warschau hatte die Bundesregierung
wichtige Etappenziele auf dem langen Weg der europäischen Entspannung
erreicht. Jetzt mussten die nächsten Schritte in Richtung DDR und Tschechoslowakei getan werden. Vor allem aber bedurfte es eines Berlin-Abkommens,
ohne das an Entspannung in Europa nicht zu denken war. Damit begab
sich die Bundesregierung in die Hände der Vier Mächte, die allein darüber
verhandeln konnten. Aber Brandt, kaum aus Warschau zurückgekehrt,
nahm sie in die Pflicht. Damit der Westen die „Initiative" behalten könne,
schlug er vor, den laufenden Berlingesprächen „einen konferenzähnlichen
Charakter zu geben"[101]. Gegenüber der Sowjetunion wurde er nicht müde
zu unterstreichen, dass die geschlossenen Verträge für sich genommen nicht
ausreichten. Es bestehe zwar kein „juristisches Junktim", aber eine „positive
Berlin-Regelung" sei gleichwohl unabdingbar[102].

Die amerikanische Antwort auf das deutsche Drängen ließ nicht lange
auf sich warten. Aus eigenem Interesse an einer globalen *Détente* zwischen
den Supermächten ließen sich die USA stärker auf die spezifisch europäischen
Aspekte der Entspannungspolitik ein. Dazu gehörten die Berlinfrage und
der Plan einer Europäischen Sicherheitskonferenz, die nur zustande kommen
konnte, wenn die Ostpolitik ungestört fortgesetzt wurde. Am 23. Januar
1971 sahen Kissinger und Dobrynin bei einem ihrer vertraulichen Washing-
toner Treffen den Zeitpunkt für gekommen, einen umfassenden amerika-
nisch-sowjetischen Interessenausgleich anzusteuern. Sie vereinbarten, die
diplomatischen Apparate bei der Regelung der Berlinfrage zu umgehen
und ein neues System von *back channels* zu etablieren. Kissinger entwarf ein

---

[101] AAPD 1970/3, Dok. 600: S. 2273ff., hier S. 2274.
[102] So Brandt am 15.12.1970 zu Botschafter Zarapkin; AAPD 1970/3, Dok. 601:
S. 2275f., hier S. 2275.

Dreieck mit den USA und der Sowjetunion als zwei Eckpunkten. Komplettieren sollte das Dreieck Egon Bahr, obwohl die Deutschen nach geltendem Recht gar nicht mitreden durften.

Um die Suche nach zustimmungsfähigen Formeln zu beschleunigen, sollten Kissinger, Dobrynin und Bahr im direkten Austausch über besondere Kanäle nach einer Annäherung ihrer Positionen suchen. Falin, mittlerweile sowjetischer Botschafter in der Bundesrepublik, sollte Bahr zu diesem Zweck in Bonn zur Verfügung stehen. Die Ergebnisse dieser Aushandlungen sollte der ebenfalls in das geheime Verfahren eingeweihte amerikanische Botschafter in Bonn, Kenneth Rush, in die Runde einbringen, die seit März 1970 offiziell mit den Berlingesprächen betraut war und der Rush selbst, der britische und der französische Botschafter in der Bundesrepublik sowie der sowjetische Botschafter in der DDR angehörten. Wieder einmal war Bahr über *back channels* in der illustren Sphäre der Geheimdiplomatie der Supermächte angekommen. Kein Wunder, dass er darüber „begeistert" war[103].

Schon am 4. Februar übermittelte Bahr die Vorstellungen der Bundesregierung über die „Grundsätze einer Berlin-Regelung"[104], die Kissinger an Dobrynin weiterleitete. Nach einigem Hin und Her erklärte sich die Sowjetunion Anfang Mai 1971 damit einverstanden, dass die Gespräche nunmehr direkt von Falin, Rush und Bahr geführt werden sollten, um den Verhandlungsmarathon auf die Zielgerade zu bringen. Am 3. September 1971 konnten die Botschafter der Vier Mächte ihre Unterschrift unter das Berlin-Abkommen setzen. Es regelte den Transitverkehr zwischen dem Bundesgebiet und West-Berlin sowie die Besuchsmöglichkeiten der West-Berliner im Ostteil der Stadt und in der DDR. Schließlich legte der Vertrag fest, „daß die Bindungen zwischen den Westsektoren Berlins und der Bundesrepublik aufrechterhalten und entwickelt werden"[105]. Für Bahr war die Arbeit damit noch lange nicht zu Ende, denn die beiden deutschen Regierungen mussten nun die Details über Transit und Verkehr aushandeln, damit das Abkommen der Vier Mächte über Berlin rechtskräftig werden konnte. Darüber hinaus mussten sie sich über die Grundlagen der deutsch-deutschen Beziehungen einigen. Die beiden Staatssekretäre Bahr und Michael Kohl hatten noch bis Ende 1972 zu tun, ehe alle Vereinbarungen und Verträge unter Dach und Fach waren. Die DDR hatte 1969/70, wie gesehen, erhebliche Abstriche von ihren ursprünglichen Vorstellungen hinnehmen müssen. Um

---

[103] Aufzeichnung Kissingers über die Unterredung mit Bahr am 31. 1. 1971; FRUS 1969–1976, Bd. 40, Dok. 172: S. 511–514, hier S. 513.
[104] AdsD, Dep. Bahr 439, Bahr an Kissinger vom 4. 2. 1971.
[105] Das Berlin-Abkommen ist abgedruckt in: Bender, Neue Ostpolitik, S. 306–309.

so hartnäckiger verhandelte sie jetzt über Details. Es begann schon mit der deutschen Übersetzung des Berlin-Abkommens, für das nur der englische, französische und russische Text verbindlich war. Semantische Nuancen erhielten eine symbolische Bedeutung: Wo in der englischen Fassung von *ties* zwischen der Bundesrepublik und West-Berlin die Rede war, sprach die westdeutsche Übersetzung von „Bindungen", die ostdeutsche Fassung aber nur von „Verbindungen". Letzteres sollte die Zuordnung West-Berlins zur Bundesrepublik lockerer erscheinen lassen. Welche Begriffe auch immer benutzt wurden, entscheidend war, dass auch die Sowjetunion Realitäten nicht in Frage stellte und das Faktum der Anbindung West-Berlins an die Bundesrepublik nicht nur tolerierte, sondern in völkerrechtlich verbindlicher Form anerkannte.

Von der Sowjetunion erhoffte man sich in Bonn auch weiterhin sanften Druck auf die DDR. Jedenfalls gab Brandt dies als Grund an, warum er sich einer Einladung Breschnews zu einem breit angelegten Meinungsaustausch „nicht entziehen" wolle. Sein Kernanliegen bestand zweifellos darin, in der sich nun deutlich abzeichnenden Ost-West-Entspannung weiterhin eine der Hauptrollen zu spielen. Brandt war der erste westliche Regierungschef, der in dieser Aufbruchphase der Weltpolitik zu ausgedehnten Gesprächen mit Breschnew zusammentraf. Danach war für Oktober ein Aufenthalt Breschnews in Paris vorgesehen, die erste Auslandsreise, die ihn in den Westen führte. Schließlich wurde ein Besuch Nixons in Moskau „streng geheim" vorbereitet[106]. Schon im Mai 1971 hatte Falin den Wunsch Breschnews übermittelt, die „Gespräche von Moskau fortzusetzen"[107]. Zwei Tage vor der Unterzeichnung der Vier-Mächte-Vereinbarung über Berlin kam der sowjetische Botschafter darauf zurück und schlug ein Treffen noch im September vor, um „den breiten Kreis der bilateralen Fragen und Aspekte der internationalen Lage zu besprechen, die für beide Seiten von Interesse" waren[108]. Bereits der Ort der Zusammenkunft symbolisierte den Grad der Annäherung zwischen der Sowjetunion und der Bundesrepublik. Das Treffen fand nicht in den erhabenen Hallen des Kreml statt, die als Zentrum

---

[106] AHS, Korrespondenz Innenpolitik 1971, Brandt an Verteidigungsminister Schmidt vom 5.9.1971.
[107] Vermerk Bahrs über ein Gespräch mit Falin am 12.5.1971; Akten zur Auswärtigen Politik der Bundesrepublik Deutschland 1971, Bd. 2: 1. Mai bis 30. September 1971, bearb. von Martin Koopmann, Matthias Peter und Daniela Taschler, München 2002, Dok. 165: S. 753 ff., hier S. 753.
[108] Unterredung zwischen Brandt und Falin am 1.9.1971; AAPD 1971/2, Dok. 288: S. 1311 f., hier S. 1311.

der Macht einschüchternd wirken konnten, sondern in Oreanda unweit von Jalta, wo sich Breschnews Sommersitz befand.

Was Breschnew mit der Einladung des Bundeskanzlers bezweckte, hatte er den Parteiführern des Warschauer Pakts bereits im August vermittelt, als er ebenfalls auf die Krim zu einem Meinungsaustausch einlud, der sich von den stärker formalisierten Gipfeltreffen des östlichen Bündnisses unterscheiden sollte und eine längere Serie solcher außer der Reihe stattfindenden Begegnungen auf höchster Ebene eröffnete. Von Brandt erhoffte er sich eine Beschleunigung in der Vorbereitung der Europäischen Sicherheitskonferenz. Um mit diesem Kernanliegen sowjetischer Außenpolitik voranzukommen, war die Ratifizierung des nun schon ein Jahr alten Moskauer Vertrags durch den Bundestag unverzichtbar. Sie aber werde, wie Breschnew unterstellte, von Brandt „bewusst verschleppt". In erster Linie diente das Treffen dem Zweck, angesichts des Fehlens von Ceauşescu die Reihen zu schließen. Dieser hatte seine Sonderrolle inzwischen weiter ausgebaut und im Mai Gustav Heinemann zum ersten Staatsbesuch eines Bundespräsidenten im Ostblock empfangen. Was ihn kurz danach zur unerwünschten Person werden ließ, war im Juni seine Reise nach China und Nordkorea. In den Augen Breschnews hatte er sich damit „gegen die Interessen unserer Gemeinschaft" gestellt. Ceauşescu führe einen „Kampf gegen uns". Der sowjetisch-chinesische Gegensatz bildete für die Konferenzteilnehmer ein zentrales Thema, dessen Brisanz durch den gerade angekündigten und für 1972 geplanten Besuch Präsident Nixons in Peking nicht geringer wurde. Um so wichtiger war ein Erfolg der sowjetischen Westpolitik mit der Bundesrepublik als Hauptpartner[109].

Begleitet nur von Bahr und einem Beamten des Auswärtigen Amts flog Brandt am 16. September 1971 nach Simferopol auf der Krim. Zum ersten Mal landete eine Maschine der Bundeswehr in der Sowjetunion. Breschnew wartete an der Gangway. Bevor es im Auto nach Oreanda weiterging, luden die lokalen Größen zu Erfrischungen ein, was sich zu einem längeren Gelage in entspannter Atmosphäre entwickelte. Nicht zum letzten Mal in diesen Tagen wurde dem Alkohol kräftig zugesprochen. Breschnew und Brandt überboten sich im Erzählen von Witzen. Nach diesem geselligen Auftakt mit einem Übermaß an russischer Gastfreundschaft deutete Breschnew aber schon auf dem Weg nach Oreanda an, er hätte anlässlich dieser „historisch wichtigen Begegnung" auch „Unangenehmes" zu sagen. Er warnte vor

---

[109] Breschnew während des Treffens der KP-Parteichefs auf der Krim am 2. 8. 1971; PHP, Crimean Meetings (www.php.isn.ethz.ch/collections).

Euphorie. Man stehe noch am „Anfang vom Anfang"[110]. Näheres erfuhr Brandt am nächsten Tag, als Breschnew das deutsche Junktim, der Moskauer Vertrag könne nur unter der Voraussetzung eines rechtskräftigen Berlin-Abkommens ratifiziert werden, ins genaue Gegenteil verkehrte. In Kraft treten könne das Berlin-Abkommen erst nach der Ratifizierung des Moskauer Vertrags. Brandt konterte mit dem Hinweis darauf, dass die für Anfang Dezember geplante Zustimmung der Außenminister der NATO zur Aufnahme vorbereitender Gespräche für eine Konferenz über Sicherheit in Europa ein vorheriges Inkrafttreten des Berlin-Abkommens voraussetze.

Ein weiteres zentrales Thema bildete die Verminderung von Rüstungen und Truppen in Mitteleuropa. Bahr und Alexandrow einigten sich auf eine gemeinsame Formulierung mit viel Auslegungsspielraum: „Die Truppen sollten reduziert werden ohne Nachteile für die Beteiligten."[111] Damit stimmte die Sowjetunion Verhandlungen über Truppenreduktionen immerhin zu. Was „ohne Nachteile" heißen sollte, darüber konnte jahrelang ohne Ergebnis gesprochen werden – was dann auch tatsächlich geschah. Fürs erste aber schien eine weitere wichtige Schneise in das Dickicht der Ost-West-Konfrontation geschlagen zu sein. Brandt gab grünes Licht für eine Europäische Sicherheitskonferenz, und Breschnew verweigerte sich nicht dem Gedanken, dass eine verringerte Militärpräsenz wünschenswert sei. Der Bundeskanzler empfand dies – in der ihm eigenen Diktion – als „substantiell und nicht entmutigend"[112]. Allerdings überging er dabei das Votum seines Verteidigungsministers, denn Schmidt wollte eine Europäische Sicherheitskonferenz davon abhängig machen, dass „vorher gewisse greifbare Ergebnisse über die Verminderung der Konzentration militärischer Kräfte in Europa, insbesondere in Mitteleuropa, erreicht werden"[113]. Um überhaupt Fortschritte in der Entspannungspolitik zu erzielen, gab sich Brandt mit einer geringeren und unkonkreteren Gegenleistung zufrieden.

Spürbar verbessert hatte sich die atmosphärische Ebene der deutsch-sowjetischen Beziehungen. Die Erörterung bilateraler, gesamteuropäischer und – unter Bezug auf die USA und China – auch weltpolitischer Themen erfolgte in Oreanda nicht nach einer strikten Tagesordnung. Manche Punkte

---

[110] Aufzeichnung Brandts vom 17.9.1971 über Breschnews Ausführungen während der Fahrt von Simferopol nach Oreanda am Vortag; AAPD 1971/2, Dok. 310: S. 1383f., hier S. 1383.
[111] Bahr, Zeit, S. 499.
[112] WBA, A8/92, Notizen Brandts für die Fraktionssitzung der SPD am 21.9.1971.
[113] AdsD, Dep. Bahr 430, Schmidt an Brandt vom 14.9.1971.

wurden andiskutiert, fallen gelassen und später wieder aufgegriffen. Aus der sehr förmlichen Moskauer Begegnung vom Vorjahr war eine Kommunikationsform geworden, die ohne Zeitdruck einen Dialog über die nächsten Schritte europäischer Entspannungspolitik ermöglichte. Das hatte es im Verhältnis zwischen der Bundesrepublik und der Sowjetunion auf Spitzenebene noch nie gegeben. Hinzu kamen die Gespräche und Aktivitäten am Rande des dreitägigen Treffens. Die kleinen Delegationen dinierten zusammen und erholten sich beim Schwimmen im Schwarzen Meer. Auch eine Bootsfahrt entlang der Küste gehörte zum Programm. Kurz: Man lernte sich kennen, kam sich menschlich näher und fasste Vertrauen zueinander, ungeachtet aller noch bestehender Differenzen. Darin erblickte Brandt das „eigentlich Neue". Beide Seiten waren „im Begriff", sich „natürlich und normal zueinander zu verhalten". Nach dem Treffen wussten sie genauer, wo es „Übereinstimmungen, Annäherungen, Unterschiede" gab[114]. Dieser Dreiklang besagte, dass die deutsch-sowjetischen Beziehungen in eine Phase der antagonistischen Kooperation eingetreten waren. Während der dem Ost-West-Konflikt zugrunde liegende Antagonismus fortdauerte, entwickelten beide Seiten kooperative Umgangsformen. Zur Verabschiedung Brandts kam Breschnew wieder zum Flugplatz. Als das Flugzeug mit dem Bundeskanzler am westlichen Horizont verschwand, fragte Heinz Lathe, einer der westdeutschen Journalisten, die in Oreanda entgegen der sonstigen sowjetischen Praxis dabei sein durften, den sowjetischen Parteichef, ob der Besuch zur Verbesserung der Beziehungen beigetragen habe. „Unbedingt, das war doch der Hauptgedanke", soll Breschnew geantwortet haben[115].

Für in- und ausländische Beobachter war diese „Konferenz ohne Beispiel"[116] völlig überraschend gekommen. Die Reaktionen reichten von Zustimmung über vorsichtige Skepsis bis zu Ablehnung. Die „Frankfurter Allgemeine Zeitung" sah die Bundesregierung „auf den Spuren von Rapallo", und der „Spiegel" titelte: „Ostpolitik im Zwielicht"[117]. Rainer Barzel, der Vorsitzende der CDU/CSU-Bundestagsfraktion, sah den „Kampf um die außenpolitische Zuordnung" der Bundesrepublik in vollem Gange[118], und

[114] WBA, A8/92, Notizen Brandts vom 18.9.1971; vgl. auch Brandt, Begegnungen und Einsichten, S. 471.
[115] Kölnische Rundschau vom 20.9.1971: „Vertrauen in Sicht" (Heinz Lathe).
[116] Süddeutsche Zeitung vom 20.9.1971: „Die Früchte von der Krim".
[117] Frankfurter Allgemeine Zeitung vom 20.9.1971: „Auf den Spuren von Rapallo"; Der Spiegel vom 27.9.1971: Titelseite.
[118] So Barzel in der Fraktionssitzung am 21.9.1971; zit. nach Grau, Gegen den Strom, S. 204; das folgende Zitat findet sich ebenda.

der CSU-Vorsitzende Franz Josef Strauß sprach in der „Bild-Zeitung" gar vom „Beginn eines Umsturzes unserer Gesellschaftsordnung". Solche Unterstellungen sollten Ängste schüren und dienten der innenpolitischen Mobilisierung gegen die sozial-liberale Ostpolitik. Tatsächlich hatte Brandt in Oreanda die von der Opposition bezweifelte Westbindung seiner Politik in ihrem doppelten Sinn betont: Zum einen durch den nachdrücklichen Verweis auf die Verankerung der Bundesrepublik in der NATO; zum anderen durch die klare Absage an sowjetische Vorstellungen einer engeren Zusammenarbeit zwischen kommunistischen und sozialdemokratischen Parteien. Breschnew musste begreifen, dass es sich bei der Entspannungspolitik um die „Regelung zwischenstaatlicher Beziehungen" handelte. Ideologische Unterschiede sollten „ohne überflüssige Polemik" respektiert werden[119].

Auch die westlichen Verbündeten äußerten Vorbehalte. Im Wesentlichen lag dies daran, dass Brandts Politik nicht nur durch Bündnisloyalität geprägt war, sondern auch durch Eigenständigkeit. Termine wolle er „selbständig" festlegen, lautete Brandts Reaktion auf französische Vorhaltungen, die Bundesregierung habe den Nachbarn nicht eingeweiht[120]. Privilegiert war nur Kissinger, den Bahr über den *back channel* schon einen Tag nach der sowjetischen Einladung unterrichtete und der sich postwendend für die „hilfreiche Information" bedankte[121]. Daran mag es gelegen haben, dass aus Washington keine grundsätzliche Kritik am deutsch-sowjetischen tête-à-tête zu hören war und dass Kissinger seine Vorbehalte gegenüber Brandts zu großer Nachgiebigkeit nur intern äußerte. Dezente Ermahnungen kamen aus London. Man müsse sich der Fallstricke bewusst sein, die am Weg der Entspannung lägen, und wachsamer denn je sein, ließ Premierminister Heath wissen[122]. Regelrecht zurückgesetzt wähnte sich Präsident Georges Pompidou. Vor der Presse bedauerte er den Mangel an „vorhergehender Information", um allerdings sogleich hinzuzufügen: „Aber was hätte dies im Grunde geändert?"[123] Leicht resignativ bestätigte der französische Präsident

---

[119] AAPD 1971/2, Dok. 310, S. 1384, und Dok. 315: S. 1419ff., hier S. 1420.
[120] WBA, A8/92, Notizen Brandts für die bevorstehende Kabinettssitzung vom 15.9.1971.
[121] AdsD, Dep. Bahr 439, Bahr an Kissinger vom 2.9.1971 und Kissinger an Bahr vom 3.9.1971.
[122] WBA, A8/52, Heath an Brandt vom 27.9.1971.
[123] So Pompidou vor der Presse am 23.9.1971; zit. nach Andreas Wilkens, Der unstete Nachbar. Frankreich, die deutsche Ostpolitik und die Berliner Vier-Mächte-Verhandlungen 1969–1974, München 1990, S.109; das folgende Zitat findet sich ebenda, S.105.

damit, was er in „Le Monde" hatte lesen können: Aus der Bundesrepublik war eine „erwachsene Nation" geworden.

Abgesehen von solchen Empfindlichkeiten stimmten Elysée und Kanzleramt in den Grundfragen der Entspannungspolitik völlig überein. Insbesondere standen beide dem Gedanken einer Konferenz über Sicherheit in Europa positiv gegenüber. Allerdings hatte Frankreich hier den Ton angegeben und sich schon 1969 weniger abwartend gezeigt als die Bundesrepublik. Im Herbst 1971 plädierte Paris dafür, mit den Vorgesprächen über die Sicherheitskonferenz bald zu beginnen. Die Bundesregierung war bereit, diesem Wunsch entgegenzukommen, allerdings erst nach einer Einigung mit der DDR über die noch offenen Details des Berlin-Abkommens. Unter dieser Voraussetzung wollte die Bundesregierung ihre „bisherigen Bedenken gegen eine zu schnelle KSE" zurückstellen und „sich damit der Haltung annähern, die in Paris vertreten wird"[124]. Aus französischer Sicht war dies ein willkommenes Signal. Denn das Konferenzprojekt hatte für Paris mehrere Funktionen. Es sollte zum einen dazu beitragen, die Sicherheitslage in Europa zu verbessern und die Idee der Freiheit sowohl mit Bezug auf die Staaten als auch mit Bezug auf die Menschen im Machtbereich der Sowjetunion zu stärken. Es sollte darüber hinaus aber auch ein Mittel sein, die in französischen Augen besorgniserregende Dynamik der Ostpolitik durch ein multilaterales Korsett zu bändigen. Unverkennbar stand dieses Anliegen in der Tradition französischer Deutschlandpolitik, die seit den Tagen Robert Schumans und der Gründung der Europäischen Gemeinschaft für Kohle und Stahl 1951 auf die feste Einbindung der Bundesrepublik in europäische Strukturen setzte.

Den Deutschen hätte dies vornehmlich als Bevormundung und Kontrolle erscheinen können. Die politische Führung der Bundesrepublik erkannte aber sehr schnell, dass es sich um den einzig gangbaren Weg handelte, um nach dem Krieg möglichst rasch auf die Bühne der internationalen Politik zurückkehren und später im Rahmen der Entspannungspolitik Fortschritte erzielen zu können. Folgerichtig machte sie aus der von den Westmächten verlangten Bindung an Europa und die NATO eine Tugend. Multilateralismus wurde zum prägenden Stilelement westdeutscher Außenpolitik. Daher war die Multilateralisierung der Entspannungspolitik von Beginn an in der Ostpolitik angelegt, nicht zuletzt deshalb, weil ihr wichtigstes Ziel, ein das gesamte Europa umfassendes Sicherheitssystem, gar nicht anders denkbar war. Im Dezember 1971 einigten sich die Außenminister der NATO auf die

---

[124] AdsD, Dep. Bahr 430, Bahr an die deutsche Botschaft in Paris vom 21. 9. 1971.

Themenfelder, die auf einer gesamteuropäischen Konferenz erörtert werden sollten: Sicherheit in Europa, aber auch Erleichterung menschlicher Kontakte, wirtschaftliche Kooperation und Anhebung von Umweltstandards. Dieses breite Spektrum, das auch von den Staaten des Warschauer Pakts akzeptiert wurde, verlangte eine adäquate Bezeichnung für die in Aussicht genommene Konferenz. Sie lautete nun: Konferenz über Sicherheit und Zusammenarbeit in Europa.

Als die politische Spitze des Warschauer Pakts im Januar 1972 in Prag zusammenkam, konnte fest mit dem Zustandekommen einer KSZE gerechnet werden. Die Ungarn wollten die Situation zur schnellen Aufnahme diplomatischer Beziehungen mit der Bundesrepublik nutzen, mussten sich aber auf Geheiß ihrer sozialistischen Bruderstaaten gedulden, bis alle Ostverträge der Bundesrepublik unter Dach und Fach waren. Breschnew feierte seine Entspannungspolitik als Erfolg der Westpolitik des Warschauer Pakts insgesamt. Wie so oft war wieder von den „Ergebnissen des zweiten Weltkriegs" die Rede, die man habe „verankern" können[125]. Damit war sowohl die territoriale als auch die politisch-soziale Ordnung gemeint, wie Breschnew einige Monate später während des nächsten Treffens auf der Krim ausführte, an dem auch Ceaușescu teilnahm. Zum einen gehe es darum, „die Unverletzlichkeit der bestehenden Grenzen der europäischen Staaten, einschließlich der Grenze zwischen der DDR und der BRD, völkerrechtlich zu fixieren", zum anderen werde man der westlichen Vorstellung von der „Freizügigkeit von Menschen und Ideen" das Prinzip der Souveränität und der Nichteinmischung entgegenhalten. Ob die Sowjetunion sich damit würde durchsetzen können, musste sich erst noch zeigen. Fürs erste aber war insbesondere die DDR beruhigt. Das Wort „völkerrechtlich", das die Sowjetunion im Moskauer Vertrag nicht hatte unterbringen können, war in der ostdeutschen Niederschrift über die Ausführungen Breschnews dick unterstrichen[126].

[125] Breschnew in seinen Ausführungen während der Sitzung des Politischen Beratenden Ausschusses des Warschauer Pakts am 25.1.1972; PHP, Party Leaders (www.php.isn.ethz.ch/collections).
[126] Breschnew während des Warschauer Pakt-Gipfels auf der Krim am 31.7.1972; PHP, Crimean Meetings (www.php.isn.ethz.ch/collections).

6. Wandel durch Annäherung und Grenzen des Wandels 1973 bis 1975

Zu Beginn des Jahres 1973 verzeichnete die DDR eine gemischte Bilanz der Entspannungspolitik. Auf der einen Seite hatte sie es hinnehmen müssen, dass ihr im Grundlagenvertrag mit der Bundesrepublik die volle völkerrechtliche Anerkennung versagt blieb, auf der anderen Seite aber wurde ihr eben diese schon am 5. Januar 1973 durch die Niederlande zuteil. Im Laufe des Jahres taten 46 weitere Staaten diesen Schritt. Während die DDR ihren Bürgern verwehrte, sich in der Welt umzuschauen, war sie selbst auf der Bühne der internationalen Politik angekommen. Im September 1973 wurden beide deutsche Staaten in die UNO aufgenommen.

Für die sozial-liberale Bundesregierung, die im November 1972 vorgezogene Bundestagswahlen klar für sich entschied und damit auch in ihrer Ostpolitik bestätigt wurde, zählte vor allem, dass es nun leichter war, in die DDR zu reisen – „mit allen Folgen eines Ideenaustauschs", wie Bahr erwartete. Während Ende der 1960er Jahre knapp über eine Million Reisen in die DDR jährlich registriert wurden, stieg die Zahl seit 1972 auf durchschnittlich sechs Millionen an. Damit war die DDR kein „abgeriegelter Staat" mehr und die „Frage der Einheit der deutschen Nation" nicht zu den Akten gelegt[1]. Möglicherweise kam nun der „Wandel durch Annäherung" tatsächlich in Gang, von dem Bahr schon 1963 gesprochen hatte. Dies jedenfalls wollte ein so scharfsinniger Beobachter wie Kissingers Mitarbeiter Helmut Sonnenfeldt nicht ausschließen, der ansonsten mit kritisch-distanzierten Kommentaren zur Ostpolitik immer schnell bei der Hand war: Die DDR setze sich dem „Risiko" des Wandels aus[2].

Diese Sichtweise entsprach auch der Perzeption der DDR-Führung. Der Minister für Staatssicherheit Erich Mielke beschwor die Gefahr des „Sozialdemokratismus"[3], und Parteichef Honeckers Klage hörte sich wie ein direktes

---

[1] AdsD, Dep. Bahr 440, Gespräch Bahrs mit dem amerikanischen NATO-Botschafter Donald Rumsfeld am 22.5.1973.

[2] So Sonnenfeldt in einem Memorandum für Kissinger vom 7.11.1972; FRUS 1969–1976, Bd. 40, Dok. 383: S. 1088–1092, hier S. 1090.

[3] So Mielke am 16.11.1972; zit. nach Walter Süß, Der KSZE-Prozess der 1970er-Jahre aus der Perspektive der DDR-Staatssicherheit, in: Torsten Diedrich/Walter Süß (Hrsg.), Militär und Staatssicherheit im Sicherheitskonzept der Warschauer-Pakt-Staaten, Berlin 2010, S. 319–340, hier S. 325.

Echo auf Bahrs Aussage an. Die DDR sei infolge der steigenden Besucher-
zahlen und der Telefonkontakte sowie der „ideologischen Diversion" seitens der „Massenmedien der BRD" viel „stärker" als andere sozialistische
Staaten „mit der bürgerlichen Ideologie konfrontiert". Man dürfe nicht die
Augen davor verschließen, dass die Bonner Regierung letztlich die „Liquidierung der sozialistischen DDR" anstrebe[4]. Als Abwehrmaßnahme erhöhte
die Staatssicherheit zwischen 1969 und 1975 die Zahl ihrer hauptamtlichen
Mitarbeiter um 50 Prozent. Im weit entfernten Moskau war der Sog des
Westens nicht in dieser Weise zu spüren, obwohl man auch dort auf die
„Absicherung im Innern" Wert legte[5]. Letztlich fühlte sich Gromyko aber
doch als „Herr im eigenen Haus", wie er zur Beruhigung von Entspannungs-
skeptikern versicherte[6]. Was die äußere Sicherheit betraf, so setzte sich der
1973 ins Politbüro aufgerückte Verteidigungsminister Gretschko mit seinem
auch von Breschnew geteilten Standpunkt durch, man müsse weiterhin auf
der Hut sein und dürfe nicht von den gewohnten Bahnen der Rüstungs- und
Sicherheitspolitik abweichen.

In Bonn wurde dies mit Unbehagen registriert. Denn solange man in
Europa nicht von militärischer Entspannung sprechen konnte, stand das
ganze Projekt der Ost-West-Entspannung unter Vorbehalt. Die „politische
Atmosphäre", so ließ man die sowjetische Führung wissen, werde sich wieder
verschlechtern, sollte es nicht zu einem „Abbau des militärischen Potentials"
kommen[7]. Ermahnungen dieser Art hörte man sich auf sowjetischer Seite
wiederholt geduldig an, ohne aber in irgendeiner Weise davon beeindruckt
zu sein. Stets verwies die UdSSR auf die 1973 einsetzenden Wiener MBFR-
Verhandlungen, die allerdings entgegen den ursprünglichen Vorstellungen
der Bundesregierung nur noch lose mit der KSZE verbunden waren. So
wichtig die KSZE auch war, der entscheidende Annäherungs- und Ent-
spannungsschritt würde auf dem Gebiet der Rüstungsreduktion erfolgen.

[4] Honecker während der Krim-Konferenz am 31.7.1973; PHP: Crimean Meetings
(www.php.isn.ethz.ch/collections).
[5] So Botschafter Sahm am 28.4.1973 in einem Fernschreiben an das Auswärtige Amt;
Akten zur Auswärtigen Politik der Bundesrepublik Deutschland 1973, Bd. 1: 1. Januar
bis 30. April 1973, bearb. von Matthias Peter u.a., München 2004, Dok. 122: S. 605–
609, hier S. 606.
[6] Dobrynin, In Confidence, S. 346.
[7] So Bahr gegenüber Gromyko schon am 9.10.1972; Akten zur Auswärtigen Politik
der Bundesrepublik Deutschland 1972, Bd. 3: 1. Oktober bis 31. Dezember 1972, bearb.
von Mechthild Lindemann, Daniela Taschler und Fabian Hilfrich, München 2003,
Dok. 137: S. 1465–1475, hier S. 1475. Ähnlich auch Brandt in einem Schreiben an
Breschnew vom 19.12.1972; Dok 414: S. 1851f.

Brandt betrachtete die KSZE als „Feuilleton"; bei den MBFR-Gesprächen dagegen werde „Tacheles" geredet[8].

All dies zeigt schon, dass auf die Annäherung zwischen Ost und West seit 1973 der entspannungspolitische Alltag folgte, der auch die Grenzen des Wandels hervortreten ließ. Zweifellos war Wandel ganz konkret vielfach erfahrbar. An der Insellage West-Berlins hatte sich nichts geändert, die Bindung der Stadt an die Bundesrepublik konnte nach dem Vier-Mächte-Abkommen aber nicht mehr in Frage gestellt werden. Mit der DDR gab es Beziehungen, die im Grundlagenvertrag in aller Form geregelt waren. Polen und die Bundesrepublik richteten im Herbst 1972 diplomatische Vertretungen ein. Die Wirtschaftsbeziehungen mit Ungarn florierten auch ohne Botschafter in Bonn und Budapest. Ein Drittel aller Westtouristen in Ungarn kam 1973 aus der Bundesrepublik. Den Auftakt hatte 1970 der wechselseitige Gewaltverzicht im Moskauer Vertrag gebildet. Brandt fand es „wirklich erstaunlich", welch neue Austauschmöglichkeiten sich aus „ursprünglich ganz schwachen Kontakten" ergeben hatten[9]. Unübersehbar war ein Politikwandel eingetreten, der sich in regelmäßigen bilateralen Kontakten, von Beginn der KSZE-Verhandlungen an aber auch auf multilateraler Ebene niederschlug.

Die Folge dieses politischen Umschwungs war ein Wahrnehmungswandel. Ältere Bedrohungsperzeptionen wurden von der neuen Erfahrung überlagert, dass man es mit Staaten und Gesellschaften zu tun hatte, die nach wie vor in scharfer Konkurrenz zueinander standen, die sich aber zugleich Regeln unterwarfen, ihre Konflikte ohne Gewalt auszutragen. Die Verleihung des Friedensnobelpreises an Bundeskanzler Brandt im Herbst 1971 ist auch in diesem größeren internationalen Zusammenhang zu sehen. Vorrangig aber würdigte sie seine persönliche Leistung. Wie kein anderer deutscher Politiker verfügte Brandt über die nötige Glaubwürdigkeit, um die Anerkennung deutscher historischer Schuld, den Appell zur Versöhnung in der Gegenwart und die Suche nach zukünftigem Interessenausgleich zu verbinden. Die Bundesrepublik stand seit 1970 nicht mehr im Fadenkreuz der östlichen Feindbildpropaganda. Umgekehrt nahm die Sowjetunion aus westlicher Sicht immer stärker die Züge einer Macht an, die herkömmliche

---

[8] So Brandt am 28.5.1973; Akten zur Auswärtigen Politik der Bundesrepublik Deutschland 1973, Bd. 2: 1. Mai bis 30. September 1973, bearb. von Matthias Peter u. a., München 2004, S. 901, Anm. 3. Ähnlich schon Bahr am 24.5.1973; Dok. 158: S. 801–804, hier S. 804.
[9] So Brandt im Gespräch mit Ceauşescu am 27.6.1973; AAPD 1973/2, Dok. 203: S. 1060–1066, hier S. 1061.

nationale Interessen verfolgte und als Supermacht weltpolitisch auf einer Stufe mit den USA stehen wollte. Wie der Westen den nach 1945 von Moskau durchgesetzten territorialen Status quo respektierte, agitierte die Sowjetunion nicht mehr gegen die fortschreitende Kohäsion des westlichen Bündnisses. Sie akzeptierte die Verankerung der Bundesrepublik in der NATO ebenso wie die Präsenz der USA in Europa. Seit 1972 stellte sie überdies die westeuropäische Integration mit den Brüsseler Institutionen der EG nicht mehr in Frage.

All das hieß jedoch nicht, dass die wechselseitige ideologische Abgrenzung aufgeweicht wurde. Ganz im Gegenteil: Sie war sogar nötig, um die jeweilige innere Ordnung vor „falschen" Überzeugungen abzuschirmen. „Aktive Friedenspolitik", mahnte Brandt, durfte in der Bundesrepublik keinesfalls als „Verwischung der grundsätzlichen Positionen in Fragen der freiheitlichen Demokratie verstanden werden"[10]. In der sozial-liberalen Regierung waren es nicht die Liberalen, sondern die Sozialdemokraten, die unter Beobachtung standen und keinen Verdacht aufkommen lassen durften. Ein Mann mit kommunistischer Vergangenheit wie der Fraktionsvorsitzende Herbert Wehner war besonders verwundbar und entsprechend vorsichtig. Er begrüßte den Moskauer Vertrag, hatte aber keine „Freude an den Kommunisten"[11]. Vor dem Hintergrund gesellschaftlichen Wandels in der Bundesrepublik mit politisch links ausgerichteten Strömungen und Gruppen, die sich auch in der SPD selbst fanden, hielt es der SPD-Parteivorstand im Herbst 1970 sogar für geboten, sich in aller Form vom Kommunismus zu distanzieren. Das Thema blieb virulent: Anfang 1972 beschlossen die Innenminister der Bundesländer zusammen mit der Bundesregierung den so genannten Radikalenerlass, der die Überprüfung von Bewerbern für den öffentlichen Dienst auf ihre Verfassungstreue verfügte.

Wie mühelos politisch-ideologische Abgrenzung und pragmatische Kooperation miteinander vereinbar waren, zeigen die Wirtschaftsbeziehungen. Auf diesem Feld war der Wandel besonders deutlich zu spüren. Die Ostblockstaaten mussten vom lange gepflegten Feindbild Bundesrepublik schon deswegen abrücken, weil sie diese wegen ihrer Wirtschafts- und Finanzkraft brauchten. Nur mit westlicher und nicht zuletzt westdeutscher Hilfe konnten die Sowjetunion und ihre Verbündeten die technologische Lücke schließen. In der Bundesrepublik wiederum konnten einzelne Branchen – vor allem Großunternehmen des Anlagen- und Maschinenbaus, der

[10] WBA, A8/11, Brandt an Eugen Kogon vom 28.9.1970.
[11] WBA, A11.3/18, Wehner an Brandt vom 30.8.1970.

Chemieindustrie und des Kraftfahrzeugbaus – von einem Ausbau des Osthandels profitieren. Die daran interessierten Firmen sammelten sich im Ost-Ausschuss der deutschen Wirtschaft, der unter der Leitung von Otto Wolff von Amerongen stand. Im Januar 1971 folgte eine Delegation von Unternehmern einer Einladung nach Moskau, um Kooperationsmöglichkeiten im Maschinen- und Motorenbau, bei der Herstellung von Farben und Lacken und bei der Rohstoffgewinnung zu erörtern. Wie wichtig der Sowjetunion die wirtschaftliche Zusammenarbeit war, zeigt die Ebene, auf der die Gespräche stattfanden. Die deutsche Delegation traf unter anderem auf Ministerpräsident Kossygin und Außenhandelsminister Patolitschew. Dies war auch der Fall, als schon im Juni desselben Jahres eine weitere Industriellengruppe mit Berthold Beitz an der Spitze in Moskau eintraf. Sowjetische Angebote zur Erschließung von Rohstoffen gingen Hand in Hand mit dem Drängen auf eine möglichst baldige Ratifizierung des Moskauer Vertrags. Kossygin bat, die Grüße Breschnews an Brandt weiterzuleiten, und zeigte sich überzeugt, dass dessen Politik eine „mutige Politik ist, die den Interessen unserer Zeit entspricht"[12].

Die Bundesrepublik schloss mit allen Staaten des Warschauer Pakts wiederholt Abkommen über den Warenverkehr ab. Das Volumen im westdeutsch-sowjetischen Handel vergrößerte sich zwischen 1966 und 1975 um das Sechsfache. Die Bundesrepublik stand an der Spitze des sowjetischen Westhandels. Umgekehrt rangierte die Sowjetunion Anfang der 1970er Jahre erst an 13. Stelle der westdeutschen Exportmärkte. Nur 1,5 Prozent des westdeutschen Außenhandels gingen in die Sowjetunion. Allerdings handelte es sich um einen rasch expandierenden Markt. Während der gesamte Außenhandel der Bundesrepublik im ersten Halbjahr 1973 um 16 Prozent zunahm, betrug das Wachstum im Handel mit der Sowjetunion und Polen jeweils fast 40 Prozent.

So eindrucksvoll diese Zahlen erscheinen, so unübersehbar waren die strukturellen Hürden, die einem zügigen Ausbau der Wirtschaftsbeziehungen im Wege standen. Der westdeutsche Exportüberschuss führte zu einem Jahr für Jahr größer werdenden Ungleichgewicht, anders formuliert: zu einer Verschuldung der Sowjetunion und der anderen osteuropäischen Volkswirtschaften gegenüber der Bundesrepublik. An der Spitze lagen Ende 1972 die Sowjetunion und Rumänien, gefolgt von Polen und – mit weitem Abstand – von der Tschechoslowakei, Ungarn und Bulgarien. Den weiterhin

---

[12] So Kossygin am 23.6.1971; zit. nach Joachim Käppner, Berthold Beitz. Die Biographie, Berlin 2010, S. 382.

hohen Erwartungen der Ostblockstaaten, günstige Kredite aus Westdeutschland zu erhalten, konnte die Bundesrepublik auf Dauer nicht entsprechen. Darüber hinaus behinderten die unterschiedlichen Rechts- und Wirtschaftssysteme alle Vorhaben, die ein gewisses Maß an Verflechtung anstrebten. Zu den avantgardistischen Vordenkern auf diesem Gebiet gehörte in Bonn Ernst-Wolf Mommsen, der zwischen 1970 und 1972 seine Tätigkeit als Spitzenmanager in der Industrie unterbrach und zunächst im Verteidigungsministerium, danach im Ministerium für Wirtschaft und Finanzen unter Schmidt als Staatssekretär fungierte. Allerdings nahmen ihm einige Unternehmer den Seitenwechsel in die Politik übel: Er erfuhr „manches sehr Unerfreuliche" wegen seines „persönlichen Engagements" für die sozialliberale Regierung und konnte auch keinen Kontakt zum Bundesverband der Deutschen Industrie herstellen[13]. Mommsen schwebte in den Wirtschaftsbeziehungen zum Osten mehr vor als ein „reines Gegenseitigkeitsgeschäft von Ware gegen Ware" und plädierte für eine Kooperation „jenseits des normalen Warenaustauschs"[14]. An eine Verwirklichung war freilich nur zu denken, wenn sich die Staatshandelsländer für transnationale Projekte westlichen Zuschnitts öffneten.

Ungeachtet solcher systembedingter Schwierigkeiten lagen die politischen Implikationen der Wirtschaftsbeziehungen offen zutage. Als Breschnew im Mai 1973 zu einem mehrtägigen Besuch nach Bonn kam, bevor er wenige Wochen später in die USA reiste, standen für ihn politische Fragen im Vordergrund, insbesondere sein Lieblingsprojekt, die KSZE. Die deutsch-sowjetischen Wirtschaftsbeziehungen nahmen gleichwohl viel Raum ein. Es konnte kaum überraschen, dass Breschnew den Schwerpunkt nicht auf deren qualitative Weiterentwicklung legte, wie sie in der Bundesrepublik diskutiert wurde. Die westdeutsche Wirtschaft, sofern sie am Osthandel interessiert war, kritisierte die mangelnde Berücksichtigung von mittelständischen Unternehmen und wünschte sich eine größere Bandbreite im Handel unter Einbeziehung von Verbrauchsgütern. Breschnews Unzufriedenheit beruhte dagegen auf der in seinen Augen fehlenden deutschen Bereitschaft zu neuen Großprojekten. Er pries den sowjetischen Rohstoffreichtum an, der mit Hilfe deutscher Investitionen und staatlich subventionierter Kredite als Basis weiterer Entwicklung dienen sollte. Als er in einer Begegnung mit Industriellen dieses Szenario ausmalte, stieß er auf Skepsis, weckte aber auch optimistische Erwartungen. So hatte der Generaldirektor der bundes-

[13] AdsD, Dep. Bahr 109, Mommsen an Bahr vom 20. 11. 1972.
[14] AdsD, Dep. Bahr 109, Mommsen an Bahr vom 4. 4. 1970 und 8. 4. 1972.

eigenen Salzgitter AG, die über den Bau eines Hüttenwerks in der Nähe von Kursk verhandelte, den Eindruck, die Sowjetunion sei künftig für „Wirtschaftskontakte offener als bisher"[15]. Die Rahmenbedingungen für die weitere wirtschaftliche, industrielle und technische Zusammenarbeit wurden zum Abschluss des deutsch-sowjetischen Gipfeltreffens in einem Regierungsabkommen festgelegt.

Darin fand sich auch ein Passus, in dem die Einbeziehung West-Berlins ausdrücklich erwähnt wurde. Schon im Vorfeld hatte Brandt betont, es sei für ihn „von erstrangiger Bedeutung, daß Berlin (West) in die beiderseitige Zusammenarbeit einbezogen wird"[16]. Dass das Thema überhaupt angeschnitten werden musste, zeigt deutlich, wie unterschiedlich das Vier-Mächte-Abkommen in Bonn und Moskau ausgelegt wurde. Es gehörte zu den brisanten Punkten, die die Grenzen der Annäherung markierten. Natürlich stimmte die Bundesregierung mit der Auffassung überein, dass West-Berlin kein konstitutiver Bestandteil der Bundesrepublik war. Sie bestand aber darauf, dass die Verbindungen zwischen dem Bundesgebiet und West-Berlin weiterentwickelt werden sollten. Die Formulierung im Kommuniqué zum Abschluss von Breschnews Besuch, um die lange gestritten worden war, klang wie eine Friedensformel, ließ aber ihrerseits wieder unterschiedliche Deutungen zu: Die „strikte Einhaltung und volle Anwendung" des Berlin-Abkommens von 1971 sei eine „wesentliche Voraussetzung für eine dauerhafte Entspannung im Zentrum Europas" und für eine „Verbesserung" der deutsch-sowjetischen Beziehungen[17]. Ob „volle Anwendung" besagte, dass West-Berlin in Verträge mit Staaten des Warschauer Pakts automatisch einzubeziehen sei, blieb weiterhin ungeklärt, ganz zu schweigen davon, ob Bundesbehörden wie das im Juli 1973 auf den Weg gebrachte Bundesumweltamt ihren Sitz in West-Berlin haben durften. Das nach außen zur Schau gestellte Einvernehmen konnte nicht über die Wolken hinwegtäuschen, die die deutsch-sowjetische Spitzenbegegnung punktuell überschatteten.

Gänzlich im Dunkeln blieb der Kernbereich des entspannungspolitischen Projekts der Bundesregierung. In Fragen der Rüstungskontrolle und Abrüstung war keinerlei sowjetische Diskussionsbereitschaft erkennbar. Das große Thema der europäischen Sicherheit blieb „unzulänglich" behandelt

---

[15] Der Spiegel vom 28.5.1973: „„Wir schlagen da eine neue Seite auf". Spiegel-Interview mit Hans Birnbaum, Chef der Salzgitter AG, über Breschnews Bonn-Besuch".
[16] Brandt an Breschnew vom 24.4.1973; AAPD 1973/1, Dok. 113: S.563–566, hier S.565.
[17] So die unter Bahrs Mitwirkung gefundene „salomonische Formel"; Bahr, Zeit, S.452.

auf der Strecke[18]. Über „Truppenreduktion" wollte Breschnew „ernsthaft"
erst nach Abschluss der KSZE sprechen[19]. Die im Westen beobachtete Ver-
stärkung des sowjetischen Militärpotentials erklärte Breschnew mit der
bloßen Modernisierung: „Es würden nur alte Ausrüstungen gegen neue
ausgetauscht."[20] Die Begrenzung der strategischen Waffenarsenale zwischen
den Supermächten fand keine Entsprechung in Europa, wo die Sowjetunion
sich auch im Zuge der MBFR-Verhandlungen nicht in ein Rüstungskontroll-
system einbinden ließ. Daran änderten auch die Appelle nichts, die Brandts
Nachfolger als Bundeskanzler an Breschnew richtete. Helmut Schmidt
monierte im Oktober 1974 darüber hinaus die Aufstellung sowjetischer
Mittelstreckenraketen, die wenig später den europäischen Entspannungsprozess in eine tiefe Krise stürzen sollte[21]. Hintergrund war, dass die Supermächte seit Anfang der 1970er Jahre an Waffensystemen arbeiteten, die
wenig später als Pershing II, Cruise Missiles und SS 20 auch die Europäer
in ihren Bann zogen.

Vorerst war es nicht das Großvorhaben einer ausgewogenen Truppen-
reduzierung mit dem Ziel eines europäischen Sicherheitssystems, das im
Vordergrund stand. Das ostpolitische Tagesgeschäft wurde vielmehr durch
begrenztere, allerdings keineswegs einfache Themen ausgefüllt. Dazu gehörten die Verhandlungen mit der Tschechoslowakei, deren Abschluss das
System der Ostverträge abrunden sollte. Als sich Breschnew während seines
Aufenthalts in Bonn ungeduldig nach dem Stand der Gespräche erkundigte,
wurde von einigen Wochen gesprochen, die man bis zur Paraphierung eines
Vertrags noch benötige. Sie erfolgte tatsächlich am 20. Juni 1973, nachdem
sich beide Seiten auf eine Formel über die „Ungültigkeit des Münchener
Abkommens" geeinigt hatten, die die damit verbundenen Fragen „in einer
für beide Seiten annehmbaren Form" regelte[22]. Auch die Bundesregierung

---

[18] Bahr bedauerte dies gegenüber Breschnew beim Abschied auf dem Flugplatz;
ebenda, S. 453
[19] Aufzeichnung Brandts vom 22.5.1973 über sein Gespräch mit Breschnew am Vortag; AAPD 1973/2, Dok. 152: S. 766 f., hier S. 767.
[20] So gab Bahr am 29.5.1973 Breschnews Standpunkt gegenüber Premierminister
Heath wieder. Dieser „wies darauf hin, daß die Sowjets beständig und rücksichtslos
ihre Schlagkraft erhöhten, während alle von Truppenreduzierungen sprächen."
AAPD 1973/2, Dok. 165: S. 858–864, hier S. 863.
[21] Vgl. Akten zur Auswärtigen Politik der Bundesrepublik Deutschland 1974, Bd. 2:
1. Juli bis 31. Dezember 1974, bearb. von Daniela Taschler, Fabian Hilfrich und Michael
Ploetz, München 2005, Dok. 314: S. 1371–1378, hier S. 1377f.
[22] So lautete die Formulierung in Punkt acht der von Bahr 1970 in Moskau ausgehandelten Leitsätze.

betrachtete das Münchener Abkommen von 1938, mit dem das Sudetenland von der Tschechoslowakei abgetrennt worden war, als ungültig, aber nicht als ungültig von Anfang an, wie die Prager Forderung in den sich seit März 1971 hinziehenden Sondierungsgesprächen lautete. Für die Lösung sorgte ein „Taschenspielertrick der Völkerrechtler"[23]. Der Anstoß dazu kam vom stellvertretenden tschechoslowakischen Außenminister Goetz, der vorschlug, das Münchener Abkommen für nichtig zu erklären. Doch auch davon wollten die Deutschen Ausnahmen machen, die im Vertrag explizit genannt wurden. Nicht berührt waren demnach Fragen der Staatsangehörigkeit. Ferner sollte der Vertrag „keine Rechtsgrundlage für materielle Ansprüche" der Tschechoslowakei bilden können. Mit diesen in Artikel II des Vertrags vorgenommenen Spezifizierungen konnte in Artikel I das Münchener Abkommen „nach Maßgabe dieses Vertrags als nichtig" betrachtet werden[24].

Damit war der Vertrag als Grundlage für die, wie es in der Präambel hieß, „Entwicklung gutnachbarlicher Beziehungen" unterschriftsreif. Aber die für Anfang September in Aussicht genommene Reise von Brandt und Scheel nach Prag musste aufgeschoben werden. Wieder ging es um die Auslegung des Berlin-Abkommens, und einmal mehr wurden 1973 die Grenzen des Wandels in den Ost-West-Beziehungen deutlich. Die Staaten des Warschauer Pakts akzeptierten nicht, dass die deutschen Botschaften Rechtshilfe für West-Berliner Gerichte und Behörden leisten wollten. Diese restriktive Auslegung des Berlin-Abkommens wollte das Bonner Auswärtige Amt nicht hinnehmen und bemühte sich, die daraus folgende Hängepartie mit Prag zu den eigenen Gunsten entscheiden. Eine Nachfrage des tschechoslowakischen Außenministeriums in Moskau ergab, dass dem Bonner Druck nicht nachgegeben werden sollte. Eine Entscheidung behielt sich die sowjetische Hegemonialmacht selbst vor. Dazu kam es, als Scheel und Gromyko Anfang November 1973 übereinkamen, dass sich West-Berliner Gerichte im direkten Kontakt an sowjetische Gerichte wenden konnten. Nun war der Weg auch für die Tschechoslowakei und die anderen Verbündeten der Sowjetunion vorgezeichnet. Am 11. Dezember 1973 konnten Brandt und Scheel den Prager Vertrag zusammen mit ihren tschechoslowakischen Kollegen Lubomír Štrougal und Bohuslaw Chňoupek endlich unterzeichnen. Das Land, das 1967/68 im Zuge des Prager Frühlings in einer frühen Phase der Bonner Ostpolitik große Erwartungen geweckt hatte, war nun das letzte, mit dem

---

[23] So rückblickend der mit den Verhandlungen betraute Paul Frank, Entschlüsselte Botschaft. Ein Diplomat macht Inventur, München 1985, S. 309.
[24] Der Vertrag ist abgedruckt in: Bender, Neue Ostpolitik, S. 312ff.

ein Vertrag geschlossen wurde. Und da es der von den Warschauer Pakt-
Staaten verabschiedete Zeitplan so festgelegt hatte, konnten erst jetzt auch
Bulgarien und Ungarn diplomatische Beziehungen mit der Bundesrepublik
aufnehmen.

Die nach dem Besuch Breschnews in Bonn offen gebliebenen Fragen
und das mühsame Feilschen im Vorfeld des Prager Vertrags machten deutlich, dass die Entspannungspolitik nichts von ihrer Substanz, aber viel
Schwung und Glanz verloren hatte. An die Stelle der spektakulären Ver-
tragsabschlüsse trat die Nüchternheit der nationalen Interessenpolitik. Besonders desillusionierend wirkte im November 1973 die Verdoppelung des
Mindestumtauschs, den die DDR von Westbesuchern forderte. Bonner
Spitzenpolitiker reagierten auf das Knirschen im Getriebe des Entspannungs-
prozesses recht unterschiedlich. Wehner plädierte für größere Zurückhaltung. West-Berlin müsse nicht in jedes Abkommen einbezogen werden.
Seine Kritik äußerte Wehner im September 1973 nicht nur in westdeutschen Presseinterviews, sondern ausgerechnet auch in Moskau, wo er als
Mitglied einer Bundestagsdelegation mit verschiedenen sowjetischen Ge-
sprächspartnern zusammentraf. Sowohl der Bundestag als auch der Oberste
Sowjet hatten 1971 Parlamentariergruppen gebildet, die in regelmäßigen
Abständen zusammentrafen. Wehner äußerte sich auch abfällig über Bundeskanzler Brandt, richtete seine Polemik aber in erster Linie gegen das
von der FDP geführte Auswärtige Amt und gegen Minister Bahr als den
zentralen westdeutschen Akteur im Entspannungsprozess. Bahr selbst konnte
Wehners „Verhalten" nicht billigen, fand seine „Sorge in der Sache" jedoch
berechtigt. Hier wie da gebe es „Rückständige und Kleinkarierte". Allerdings hatte er den Eindruck, „daß die führenden Männer auf beiden Seiten
entschlossen sind, den Blick für die positive Gesamtentwicklung nicht zu
verlieren"[25].

Im Unterschied zu Wehner wollten Brandt und Bahr in der Berlinfrage
nicht klein beigeben. Brandt zeigte sich am Jahresende relativ zufrieden mit
dem „Stand der Beziehungen" zwischen der Bundesrepublik und der Sowjetunion, fügte aber warnend hinzu, er sehe die „Erweiterung der Politik der
Entspannung erheblich gefährdet"[26]. Wenige Wochen danach nahm Bahr
gegenüber Breschnew kein Blatt vor den Mund. „Nichts" habe der Bundes-

---

[25] AdsD, Dep. Bahr 102, Bahr an Botschafter Sahm vom 9.10.1973.
[26] Brandt an Breschnew vom 30.12.1973; Akten zur Auswärtigen Politik der Bundesrepublik Deutschland 1973, Bd. 3: 1. Oktober bis 31. Dezember 1973, bearb. von
Matthias Peter u. a., München 2004, Dok. 426: S. 2076ff.

regierung „so geschadet" wie die „Stagnation der Ostpolitik". Der Dauer-
konflikt um West-Berlin müsse „aus der Welt" geschafft werden. Auch weitere
Bonner Irritationen brachte Bahr zur Sprache. Dazu gehörten die schon
erwähnte Erhöhung des Mindestumtauschs für DDR-Reisende und die
Hindernisse für eine Intensivierung der Wirtschaftsbeziehungen wie die
aus deutscher Sicht überzogenen sowjetischen Krediterwartungen und die
Langsamkeit der Moskauer Bürokratie[27].

Breschnew ließ sich von Bahr nicht aus der Ruhe bringen. Er kündigte
Lösungen an und sah „keinen Grund zum Pessimismus"[28]. Bahrs ungewöhn-
lich langer Aufenthalt in der Sowjetunion vom 27. Februar bis zum 9. März
1974 diente nicht zuletzt der Vorbereitung eines deutsch-sowjetischen Gipfeltreffens in Moskau. Dazu kam es erst Ende Oktober, nun aber mit Helmut
Schmidt als Bundeskanzler. Brandts Rücktritt im Mai hatte verschiedene
Ursachen, durch die Enttarnung Günter Guillaumes als DDR-Spion im
Kanzleramt allerdings einen klaren Anlass, der die Grenzen des Wandels
unmittelbar vor Augen führte. Schmidt erörterte in Moskau das ganze
Spektrum bilateraler und internationaler Fragen. Ihm war daran gelegen,
der sowjetischen Führung zu signalisieren, seine Regierung sei entschlossen,
„die Brandtsche Ostpolitik fortzusetzen und vornehmlich auf wirtschaft-
lichem Felde auszufüllen"[29]. Zur Berlinfrage blieb es bei den jeweiligen
unterschiedlichen Auffassungen. Allerdings sicherte Schmidt zu, dass er in
Zukunft „Streitigkeiten" vermeiden wolle, wie sie aus der Errichtung des
Bundesumweltamts in West-Berlin entstanden waren. Breschnew seinerseits wollte darüber „nicht mehr weinen", nahm die Existenz dieser Bundes-
behörde in West-Berlin also als gegeben hin. Im Kern ging es ihm darum,
zu einem baldigen erfolgreichen Abschluss der KSZE zu kommen. Zur historischen Einordnung seiner Politik pries er die „Fortschritte" der letzten
Jahre, in denen man erfolgreich begonnen habe, „den Kalten Krieg zu be-
graben"[30].

Ein Vierteljahr später knüpfte Schmidt an diese Worte an. Er sprach
von dem Wunsch, den Kalten Krieg zu „überwinden", und fügte an: „Wir

[27] Akten zur Auswärtigen Politik der Bundesrepublik Deutschland 1974, Bd. 1: 1. Januar
bis 30. Juni 1974, bearb. von Daniela Taschler, Fabian Hilfrich und Michael Ploetz,
München 2005, Dok. 64: S. 241–250, hier S. 247 und S. 249.
[28] AAPD 1974/1, Dok. 88: S. 361–366, hier S. 364.
[29] Helmut Schmidt, Menschen und Mächte. Taschenbuchausgabe Berlin 1991,
S. 68.
[30] Unterredung zwischen Breschnew und Schmidt am 30. 10. 1974; AAPD 1974/2,
Dok. 315: S. 1379–1395, hier S. 1390 und S. 1392.

sind dabei, ihn zu überwinden."[31] Obwohl der Ost-West-Konflikt andauerte, beherrschte er die Agenda der Weltpolitik nicht mehr in dem Maße wie zuvor. Schon die Zeitgenossen spürten, dass die Energie-, Finanz- und Wirtschaftskrisen 1973/74 eine Zäsur darstellten. Ausgangspunkt war im Oktober 1973 der neuerliche Nahostkrieg. Wie alle regionalen Konflikte führte auch er zu Spannungen mit der Sowjetunion. Dramatischer aber waren die gegen den Westen gerichteten Maßnahmen der arabischen Ölproduzenten zur Drosselung der Fördermengen. Der Ölpreis vervierfachte sich, was zu Zahlungsschwierigkeiten, Rezession und Arbeitslosigkeit führte. An die Stelle von Wachstums- und Fortschrittszuversicht, die die Nachkriegszeit geprägt hatten, trat jetzt ein tief sitzendes Unsicherheits- und Krisengefühl. Zugleich trat der Nord-Süd-Konflikt verstärkt ins Bewusstsein.

In dieser Lage war es von Vorteil, dass die aus dem Ost-West-Konflikt herrührenden Gegensätze infolge der Entspannungspolitik beherrschbar erschienen. Es verwundert darum nicht, dass Helmut Schmidt entsprechende Akzente setzte, als er sich im Januar 1975 zu außenpolitischen Grundsatzfragen äußerte. Erst gegen Ende seiner Ausführungen kam er auf „unser Verhältnis zum Osten" zu sprechen. Den „Dialog" bezeichnete er als „gut". Vorrangig war er freilich mit einem anderen Thema beschäftigt, mit den Auswirkungen der „Weltrezession" auf die internationale Politik. Vor diesem Hintergrund nannte er eine adäquate „Weltwährungspolitik" einen „ganz entscheidenden Faktor" für die „Beziehungen der Staaten zueinander"[32]. Hier sah er Handlungsbedarf, um das „monetäre System der freien Weltwirtschaft" aufrecht erhalten zu können. Schmidt leitete dafür aus der ökonomischen Potenz Westdeutschlands sogar eine Verpflichtung ab, denn „in einer solchen Frage ist natürlich die Bundesrepublik Deutschland eine Weltmacht"[33].

Schmidts Konzentration auf die seit dem Epochenjahr 1973 drängenden weltwirtschaftlichen und monetären Probleme ließen ihn selbstverständlich nicht übersehen, was ostpolitisch zu tun war. Insbesondere wünschte er sich eine „tiefer gehende Verständigung mit Polen"[34]. Nach der Aufnahme diplomatischer Beziehungen 1972 blieb das deutsch-polnische Verhältnis von den

[31] So Schmidt in seiner Rede „Zur Lage der Nation"; Stenographischer Bericht über die 146. Sitzung des Bundestags (7. WP) am 30. 1. 1975, S. 10040.
[32] So der Kanzler in seinem Vortrag „Leitgedanken unserer Außenpolitik" am 17. 1. 1975; abgedruckt in: Helmut Schmidt, Kontinuität und Konzentration, Bonn 1975, S. 226–242, hier S. 227f. und S. 240f.
[33] Der Spiegel vom 6. 1. 1975: „‚Wir sind ein erstklassiger Partner'. Kanzler Helmut Schmidt über die politische und ökonomische Rolle der Bundesrepublik".
[34] Schmidt, Kontinuität, S. 241.

„Belastungen der Vergangenheit" überschattet[35]. Auf deutscher Seite wurde
bemängelt, dass die Umsiedlungswünsche von in Polen lebenden Deutschen
allzu schleppend behandelt wurden. In Polen forderte man Entschädigungszahlungen für ehemalige Zwangsarbeiter und KZ-Häftlinge und erwartete
großzügige Kreditzusagen, um die polnische Wirtschaft näher an das
prosperierende Westeuropa heranführen zu können. Wiederholt wurde
auf verschiedenen Ebenen erfolglos verhandelt. Ein Treffen zwischen Bundeskanzler Brandt und Parteichef Gierek, das vielleicht zu einer Annäherung
hätte führen können, kam nicht zustande. Erst die Begegnung Schmidts
mit Gierek 1975 in Helsinki am Rande der KSZE führte zu einer Einigung.
Sie sah die Ausreise „von etwa 120.000 bis 125.000 Personen im Laufe der
nächsten vier Jahre" vor, ferner einen Kredit über einer Milliarde DM und
schließlich 1,3 Milliarden DM als pauschale Abgeltung von Renten- und
Versicherungsansprüchen polnischer Bürger[36].

Erheblich unbefangener gestalteten sich die Beziehungen zwischen der
Bundesrepublik und Rumänien. Aber auch Ceauşescu, der Ende Juni 1973
in Bonn weilte, hatte mehr Wünsche im Gepäck, als erfüllt werden konnten.
Sein Land erhielt weniger Kredite als erbeten, doch dürften die Rumänen
mit den Wirtschaftsabkommen zufrieden gewesen sein, die sie sowohl mit
der Bundesregierung als auch mit Firmen wie Krupp abschlossen. Rumänien
blieb in der öffentlichen Wahrnehmung das „fesselndste Experimentierfeld
ost-westlicher Kooperation"[37]. Seit 1971 trugen jährliche Konsultationen zwischen den Außenministerien dazu bei, dass die Kontakte „insgesamt über
dem Niveau" der Beziehungen zu den übrigen Warschauer Pakt-Staaten
lagen[38]. Unter den rumänischen Handelspartnern rangierte die Bundesrepublik hinter der Sowjetunion an zweiter Stelle. Das Ungleichgewicht in
der Handelsbilanz nahm allerdings auch hier in einer Weise zu, dass Bukarest
im Juni 1975 ultimativ einen Ausgleich durch eine Steigerung deutscher
Importe forderte. „Politische Beziehungen" beruhten im Kern auf den „wirtschaftlichen Beziehungen", ließ ein Vertrauter Ceauşescus die Deutschen

[35] So Egon Bahr, der seine „Enttäuschung darüber" zum Ausdruck brachte; Pressemitteilungen der SPD vom 17.1.1975; http://library.fes.de/cgi-bin/digibert.pl?id=
011371&dok=19/011371&c=410.
[36] Akten zur Auswärtigen Politik der Bundesrepublik Deutschland 1975, Bd.2: 1.Juli
bis 31.Dezember 1974, bearb. von Michael Kieninger, Mechthild Lindemann und
Daniela Taschler, München 2005, Dok. 243: S.1144–1148, hier S.1145f.
[37] So anlässlich des Staatsbesuchs von Bundespräsident Heinemann in Rumänien Die
Zeit vom 21.5.1971: „Offene Worte in Bukarest" (Carl-Christian Kaiser).
[38] PAAA, B 42/112641, Aufzeichnung des für Rumänien zuständigen Referats im
Auswärtigen Amt vom 5.8.1974.

wissen. Helfe die Bundesrepublik Rumänien „nicht aus dem Defizit", könne man die Beziehungen zur Bundesrepublik auch „einstellen"[39]. Was wie eine Drohung klang, war eher ein undiplomatischer Appell zur Verdeutlichung des rumänischen Standpunkts. Zurückhaltender formulierte ihn wenig später Ceauşescu selbst, als er es mit Blick auf die rumänischen Export- und Kreditwünsche bedauerte, „daß die Beziehungen sich in den letzten Jahren langsamer entwickelt hätten"[40].

Kein Zweifel: Von irgendwelcher Entspannungseuphorie konnte keine Rede sein. Vielmehr herrschte eine nüchterne Arbeitsatmosphäre in der von Kooperation und Konflikt gleichermaßen bestimmten Normalität der Ost-West-Beziehungen. Wie rasch sogar neue Irritationen entstehen konnten, zeigte Helmut Schmidts Reaktion auf die vorübergehende Radikalisierung der „Nelkenrevolution" 1974/75 in Portugal, als er die Möglichkeit einer „kommunistischen Machtübernahme" nicht ausschließen wollte und die Frage aufwarf, ob eine „Fortsetzung der Entspannungspolitik möglich" sei, falls das NATO-Mitglied Portugal „aus dem westlichen Bündnissystem herausgebrochen" werden sollte[41]. Zum weltpolitischen Gesamtbild gehörte auch, dass Truppen des kommunistischen Nordvietnam im April 1975 Saigon einnahmen und mit Kambodscha und Laos weitere Länder unter kommunistische Herrschaft kamen. Schon bald sollte Afrika an mehreren Stellen zum Schauplatz militärischer Auseinandersetzungen werden, bei denen die Supermächte – besonders entschlossen aber die Sowjetunion – die ihnen jeweils nahe stehenden Kräfte unterstützten.

In Europa dagegen gelang es, im Rahmen der KSZE sogar zu einer Art Kodifizierung der Entspannung zu gelangen. Die Konferenz dürfe nicht zu „Wunschdenken" führen, meinte Brandt im Juni 1973. „Und dennoch", so konnte er völlig zu Recht hinzufügen: „Wer hätte vor einem Jahrzehnt vorauszusagen gewagt, dass sich über den Ost-West-Konflikt eine Konferenz von so konstruktiver Substanz abzeichnen würde!"[42] Man verhandelte über verschiedene Themenfelder, auch „Körbe" genannt, weil darin die jeweiligen

[39] PAAA, B 42/116672, Aufzeichnung von Botschafter Wickert vom 6.6.1975 über Äußerungen von Stefan Andrei, Sekretär des ZK der Kommunistischen Partei, am 4.6.1975.
[40] So Ceauşescu zu Schmidt am Rande der KSZE in Helsinki am 1.8.1975; AAPD 1975/2, Dok. 239: S. 1128ff., hier S. 1129.
[41] So Schmidt am 10.4.1975 in einem Schreiben an Kissinger; Akten zur Auswärtigen Politik der Bundesrepublik Deutschland 1975, Bd. 1: 1. Januar bis 30. Juni 1975, bearb. von Michael Kieninger, Mechthild Lindemann und Daniela Taschler, München 2005, Dok. 75: S. 355 ff, hier S. 356 f.
[42] WBA, A3/502, Brandt während seines Besuchs in Israel im Weizmann-Institut am 11.6.1973.

Detailfragen gesammelt wurden. Nachdem darüber beim Konferenzauftakt in Helsinki Einigkeit erzielt worden war, benötigten die in Genf tagenden KSZE-Experten der Außenministerien noch knapp zwei Jahre, bis die Texte vorlagen, die dann am 1. August 1975 – wieder in Helsinki – feierlich von den Staats- und Regierungschefs unterschrieben werden konnten. Im Mittelpunkt des diplomatischen Feilschens standen Korb I mit Fragen zur Sicherheit in Europa und der vom Westen ausdrücklich gewünschte und von der Sowjetunion konzedierte Korb III, wo es um Informations- und Reisefreiheit ging, anders formuliert: um die stärkere Öffnung der Gesellschaften im östlichen Europa. Es lag im westlichen Interesse, individuelle Menschenrechte in der Schlussakte der KSZE zu verankern, auch wenn klar war, dass eine Liberalisierung kommunistischer Ordnungen nach westlichen Standards nicht von außen zu erzwingen war. Auch war nichts von dem, was auf dem Papier stand, für Menschen in Osteuropa einklagbar. So blieb etwa Ceaușescu ganz gelassen: „Wir sollten es unterzeichnen und zu Hause werden wir sehen."[43]

In pragmatischer Einschätzung der Lage verzichtete die Bundesregierung denn auch auf einer forcierten Betonung von Menschenrechtsfragen. Ganz anders verhielt es sich mit den in Korb I verhandelten Prinzipien, nach denen die Beziehungen der Staaten untereinander ausgerichtet sein sollten. Sicherheit in Europa hing fundamental von der Respektierung des territorialen Status quo ab. Zugleich hatte die Bundesrepublik schon im Vorfeld der KSZE auf der Wahrung von „Rechtspositionen" bestanden, „die auf die Wiedervereinigung gerichtet sind". Die KSZE durfte unter keinen Umständen zu einer „Ersatzfriedenskonferenz" werden, mit der die Teilung Deutschlands in aller Form besiegelt worden wäre. Mit dem Blick auf die innerdeutsche Grenze durften ein multilateraler Gewaltverzicht und die Respektierung der Nachkriegsgrenzen einen friedlichen Wandel von Grenzen (*peaceful change of frontiers*) nicht ausschließen[44]. Genau dies aber, die Festschreibung des territorialen Status quo, wollten die Staaten des Warschauer Pakts erreichen. Auch Rumänien beharrte angesichts etwaiger ungarischer oder bulgarischer Ansprüche auf der Unantastbarkeit seiner Grenzen. „Diskussionen über die Grenzen Rumäniens" wollte Ceaușescu „nicht erlauben"[45].

---

[43] ANIC, Fond CC al PCR, Sectia Cancellarie 6/1974, Ceaușescu während einer Sitzung des Politbüros der KP Rumäniens am 4. 2. 1974.
[44] Runderlass von Staatssekretär Frank vom 25. 10. 1971; AAPD 1971/3, Dok. 366: S. 1617–1622, hier S. 1618 und S. 1620.
[45] ANIC, Fond CC al PCR, Sectia Cancellarie 133/1973, Sitzung des Politbüros der KP Rumäniens am 20. 8. 1973.

In diesem Punkt war sich der rumänische Parteichef auch mit der sowjetischen Führung völlig einig. Die Sowjetunion hatte es im Moskauer Vertrag hinnehmen müssen, dass die Bundesrepublik die Nachkriegsgrenzen nicht „anerkannte", sondern nur „respektierte". Ihrerseits konnte die Bundesrepublik keine Formulierung im Vertragstext unterbringen, die die Möglichkeit des friedlichen Wandels von Grenzen explizit benannte. Beide Seiten betrachteten nun die Genfer Verhandlungen als Gelegenheit, Klarheit zu schaffen. Die Sowjetunion wollte die „Unerschütterlichkeit der Grenzen" ohne jeden Zusatz im Abschlussdokument der KSZE verankert wissen. Nur informell wurde erklärt, selbstverständlich könnten Grenzen „auf friedlichem Wege und im Einverständnis zwischen Staaten" geändert werden[46]. Da Brandt dies nicht ausreiche, bestand er auf einer förmlichen „Klarstellung auch im Zusammenhang der Genfer Konferenz"[47]. Brandts Nachfolger sah dies nicht anders. Schmidt machte gegenüber Breschnew klar, dass der „Grundsatz der friedlichen Grenzänderung" in der Abschlusserklärung den „gleichen Rang" wie die anderen dort aufgeführten Prinzipien erhalten müsse[48].

Die Bundesrepublik befand sich in einer Schlüsselposition. Da die KSZE im Kern eine „Konferenz über Deutschland" war[49], konnte sie nur mit Zustimmung der Bundesrepublik zu einem erfolgreichen Abschluss gebracht werden. Außenminister Genscher ließ darüber auch die USA nicht im Zweifel: Keine Bundesregierung werde etwas unterschreiben, was den „Eindruck einer friedensvertragsähnlichen Regelung" hinterlasse und nicht die Möglichkeit einer friedlichen Veränderung von Grenzen eröffne[50]. Diese Vetoposition brachte die Bundesrepublik allerdings zugleich in eine Außenseiterstellung. Denn die strikte Forderung nach einer *peaceful change*-Formel, die die deutsche Frage in aller Form offen hielt, stieß nicht nur bei der Sowjetunion, sondern auch bei einigen westlichen Verbündeten auf Unverständnis. Kissinger empfand das Insistieren der Bundesregierung als „kindisch", wie er überhaupt in der KSZE nur einen „unglaublichen Zirkus" erblickte[51]. Erst im Februar 1975 erfolgte nach zähem und „manchmal bitte-

---

[46] So Breschnew in einem undatierten Schreiben vom Januar 1974; AAPD 1974/1, S. 153, Anm. 2.
[47] Brandt an Breschnew vom 7. 2. 1974; AAPD 1974/1, Dok. 37: S. 153f., hier S. 154.
[48] So Schmidt zu Breschnew am 29. 10. 1974; AAPD 1974/2, Dok. 314, S. 1378.
[49] So das Mitglied der amerikanischen KSZE-Delegation John J. Maresca, To Helsinki: The Conference on Security and Cooperation in Europe 1973–1975, Durham 1987, S. 81.
[50] So Außenminister Genscher am 6. 12. 1974 zu Kissinger; AAPD 1974/2, Dok. 360: S. 1594f., hier S. 1594.
[51] So Kissinger bei einer Mitarbeiterbesprechung am 5. 12. 1974; Foreign Relations of

rem" Ringen[52] eine Einigung, die besagte, dass „Grenzen, in Übereinstimmung mit dem Völkerrecht, durch friedliche Mittel und durch Vereinbarung verändert werden können"[53]. Erreicht wurde diese Übereinkunft
nicht in den KSZE-Gremien, sondern auf der Ebene der Supermächte zwischen Kissinger und Gromyko. Gleichwohl war es ein Verhandlungssieg
der Bundesregierung, denn ohne deren wiederholt gezeigter Beharrlichkeit
hätte sich Kissinger wohl kaum in dieser Angelegenheit engagiert. Auch
gegenüber Breschnew drückte Schmidt seine dringende Erwartung aus, es
werde eine „positive Antwort" der Sowjetunion „zum peaceful change"
geben[54]. Höchste Bedeutung erhielt dieser Punkt spätestens im November
1989, als Bundeskanzler Kohl seinen Zehn-Punkte-Plan zur Überwindung
der Teilung Deutschlands vorlegte und sich dabei ausdrücklich auf den KSZE-
Prozess bezog.

Was zum Zeitpunkt ihrer Unterzeichnung noch nicht absehbar war:
Von der Schlussakte der KSZE ging ein Effekt aus, der zur Transformation
Europas beitrug. Als es Ende der 1970er Jahre infolge des Wettrüstens im
Bereich der Mittelstreckenraketen und der sowjetischen Besetzung Afgha-
nistans zu einer schweren Belastung in den Ost-West-Beziehungen kam,
sprachen viele Zeitgenossen nicht nur von einer Krise der Entspannungs-
politik, sondern schon von ihrem Ende. Dass es tatsächlich trotz deutlicher
Gegensätze und dramatischer Worte nicht zu einem Rückfall in den Kalten
Krieg der 1950er Jahre kam, hing zum einen mit dem Interesse und zum
anderen mit dem Willen der Staats- und Regierungsführungen in beiden
Lagern zusammen, genau das zu vermeiden. Was letztlich zählte, waren die
Erfahrungen, die die Akteure im Zuge der Entspannungspolitik mit ost-west-
licher Kommunikation gemacht hatten. So konnte auf den kurzen Kalten
Krieg, der mit der Doppelkrise von Berlin und Kuba zu Ende ging, die längere
Periode der Entspannung folgen, bevor der Ost-West-Konflikt sich auflöste.

---

the United States, 1969–1976, Bd. 39: European Security, 1969–1976, bearb. von Douglas E. Selvage, Washington 2007, Dok. 262: S. 763–767, hier S. 765 und 767.
[52] So der britische Außenminister Callaghan rückblickend am 28. 7. 1975; Documents
on British Policy Overseas, Series III/Vol. 2: The Conference on Security and Cooperation in Europe, 1972–75, London 1997, Dok. 137: S. 454–460, hier S. 456.
[53] So Punkt I des zehn Punkte umfassenden Prinzipienkatalogs zu Fragen der Sicherheit in Europa, der den ersten Teil der Schlussakte von Helsinki bildete; Außenpolitik
der Bundesrepublik Deutschland, Dok. 127: S. 417–423, hier S. 418.
[54] Schmidt an Breschnew in einer Botschaft über den *back channel* vom 13. 2. 1975;
AHS, Ordner UdSSR 1974–1977.

Quellen und Literatur

Wie in den Fußnoten ersichtlich stehen für eine Darstellung der Entspannungspolitik in Europa nicht nur Akteneditionen, Dokumentationen und Memoiren zur Verfügung. Darüber hinaus stützt sich die Forschung auf Archivalien sowohl in westlichen Ländern als auch in den Staaten des ehemaligen Warschauer Pakts. Wo aus ungarischen oder rumänischen Archiven zitiert wird, sind diese Dokumente im Rahmen des in der Einleitung erwähnten Forschungsprojekts von Csaba Békés (Budapest) und Carmen Rijnoveanu (Bukarest) zur Verfügung gestellt worden. Die Übersetzungen ins Deutsche hat Wilhelm Feyer (Heidelberg) angefertigt.

Aus der Fülle wissenschaftlicher Werke kann hier nur eine knappe Auswahl genannt werden. Für *Verlauf und Grundfragen des Ost-West-Konflikts* sind heranzuziehen: Jost Dülffer, Europa im Ost-West-Konflikt 1945–1991, München 2004 (mit umfangreicher Bibliographie, die im Internet laufend ergänzt wird: www.historicum.net/themen/internationale-geschichte/bibliographie); Bernd Greiner u.a. (Hrsg.), Studien zum Kalten Krieg, 6 Bde., Hamburg 2006–2013; Richard H. Immerman/Petra Gödde (Hrsg.), The Oxford Handbook of the Cold War, Oxford 2013; Melvyn P. Leffler/Odd Arne Westad (Hrsg.), The Cambridge History of the Cold War, 3 Bde., Cambridge 2010; Werner Link, Der Ost-West-Konflikt. Die Organisation der internationalen Beziehungen im 20. Jahrhundert, Stuttgart [2]1988; Bernd Stöver, Der Kalte Krieg 1947–1991. Geschichte eines radikalen Zeitalters, München 2007.

Einen Einstieg in die Geschichte der *Entspannungspolitik* bietet Wilfried Loth, Helsinki, 1. August 1975. Entspannung und Abrüstung, München 1998. Eine Vorstellung von der neueren, auf Archivstudien basierenden Forschung vermitteln die Monographie von Daniel Möckli, European Foreign Policy during the Cold War. Heath, Brandt, Pompidou and the Dream of Political Unity, London/New York 2009 sowie verschiedene Sammelbände: Oliver Bange/Bernd Lemke (Hrsg.), Wege zur Wiedervereinigung. Die beiden deutschen Staaten in ihren Bündnissen 1970 bis 1990, München 2013; David C. Geyer/Bernd Schaefer (Hrsg.), American Détente and German Ostpolitik 1969–1972, Washington 2004; Wilfried Loth/Georges-Henri Soutou (Hrsg.), The Making of Détente. Eastern and Western Europe in the Cold War, 1965–75, London/New York 2008; Poul Villaume/Odd Arne Westad (Hrsg.), Perforating the Iron Curtain. European Détente, Transatlantic Relations and the Cold War 1965–1985, Kopenhagen 2010.

Über verschiedene Aspekte der *Konferenz für Sicherheit und Zusammenarbeit in Europa* informieren Helmut Altrichter/Hermann Wentker (Hrsg.), Der KSZE-Prozess. Vom Kalten Krieg zu einem neuen Europa 1975 bis 1990, München 2011; Oliver Bange/Gottfried Niedhart (Hrsg.), Helsinki 1975 and the Transformation of Europe, New York/Oxford 2008; Thomas Fischer, Neutral Power in the CSCE. The N+N States and the Making of the Helsinki Accords 1975, Baden-Baden 2009; Matthias Peter/Hermann Wentker (Hrsg.), Die KSZE im Ost-West-Konflikt. Internationale Politik und gesellschaftliche Transformation 1975–1990, München 2012; Andreas Wenger/Vojtech Mastny/Christian Nuenlist (Hrsg.), Origins of the European Security System. The Helsinki Process Revisited 1965–75, London/New York 2008.

Zu den *Auswirkungen der Entspannungspolitik auf NATO und Warschauer Pakt* sind heranzuziehen Csaba Békés, Der Warschauer Pakt und der KSZE-Prozess 1965 bis 1970, in: Torsten Diedrich/Winfried Heinemann/Christian F. Ostermann (Hrsg.), Der Warschauer Pakt. Von der Gründung bis zum Zusammenbruch 1955–1991, Berlin 2009, S. 225–244; Mary Ann Heiss/S. Victor Papacosma (Hrsg.), NATO and the Warsaw Pact. Intrabloc Conflicts, Kent 2008; Douglas Selvage, Der Warschauer Pakt und die europäische Sicherheitskonferenz 1964–1969: Souveränität, Hegemonie und die Deutsche Frage, in: Torsten Diedrich/Walter Süß (Hrsg.), Militär und Staatssicherheit im Sicherheitskonzept der Warschauer-Pakt-Staaten, Berlin 2010, S. 225–251; Andreas Wenger/Christian Nuenlist/ Anna Locher (Hrsg.), Transforming NATO in the Cold War. Challenges Beyond Deterrence in the 1960s, London/New York 2007.

In all diesen Werken finden sich auch immer Ausführungen zu den hier behandelten Staaten. Darüber hinaus steht Spezialliteratur zur Verfügung. Aus der Fülle der Gesamtdarstellungen zur *Geschichte der Bundesrepublik Deutschland und ihrer Außenpolitik* seien nur genannt Eckart Conze, Die Suche nach Sicherheit. Eine Geschichte der Bundesrepublik Deutschland von 1949 bis in die Gegenwart, München 2009; Helga Haftendorn, Deutsche Außenpolitik zwischen Selbstbeschränkung und Selbstbehauptung 1945–2000, Stuttgart 2001; Wolfram F. Hanrieder, Deutschland, Europa, Amerika. Die Außenpolitik der Bundesrepublik Deutschland 1949–1994, Paderborn 1995; Gregor Schöllgen, Deutsche Außenpolitik. Von 1945 bis zur Gegenwart, München 2013.

Speziell mit den *1960er und 1970er Jahren* befassen sich Karl Dietrich Bracher/Wolfgang Jäger/Werner Link, Republik im Wandel 1969–1974. Die Ära Brandt, Stuttgart/Mannheim 1986; Bernd Faulenbach, Das sozial-

demokratische Jahrzehnt. Von der Reformeuphorie zur Neuen Unübersicht-
lichkeit. Die SPD 1969–1982, Bonn 2011; Klaus Hildebrand, Von Erhard zur
Großen Koalition, Stuttgart/Wiesbaden 1984; Klaus Schönhoven, Wende-
jahre. Die Sozialdemokratie in der Zeit der Großen Koalition 1966–1969,
Bonn 2004.

Zur *Deutschland- und Ostpolitik* bieten einen Überblick Peter Bender, Die
„Neue Ostpolitik" und ihre Folgen. Vom Mauerbau bis zur Vereinigung,
München ⁴1996; Heinrich Potthoff, Im Schatten der Mauer. Deutschlandpolitik 1961 bis 1990, Berlin 1999; Wolfgang Schmidt, Willy Brandts Ost-
und Deutschlandpolitik, in: Bernd Rother (Hrsg.), Willy Brandts Außenpolitik, Wiesbaden 2014, S. 161–257. Einzelne Phasen oder Teilbereiche
behandeln Oliver Bange, Kiesingers Ost- und Deutschlandpolitik von 1966–
1969, in: Günter Buchstab/Philipp Gassert/Peter T. Lang (Hrsg.), Kurt Georg
Kiesinger 1904–1988. Von Ebingen ins Kanzleramt, Freiburg u.a. 2005,
S. 455–498; Carole Fink/Bernd Schaefer (Hrsg.), Ostpolitik 1969–1974. European and Global Responses, Cambridge 2009; Petri Hakkarainen, A State
of Peace in Europe. West Germany and the CSCE 1966–1975, New York/
Oxford 2011; Joost Kleuters, Reunification in West German Party Politics
from Westbindung to Ostpolitik, Houndmills 2012; Dirk Kroegel, Einen
Anfang finden! Kurt Georg Kiesinger in der Außen- und Deutschlandpolitik
der Großen Koalition, München 1997; Werner D. Lippert, The Economic
Diplomacy of Ostpolitik. Origins of NATO's Energy Dilemma, New York/
Oxford 2011; Karsten Rudolph, Wirtschaftsdiplomatie im Kalten Krieg.
Die Ostpolitik der westdeutschen Großindustrie 1945–1991, Frankfurt a.M.
2004.

Unter *biographischen Aspekten* sind heranzuziehen Philipp Gassert, Kurt
Georg Kiesinger 1904–1988. Kanzler zwischen den Zeiten, München 2006;
Peter Merseburger, Willy Brandt 1913–1992. Visionär und Realist, Stuttgart
2002; Hartmut Soell, Helmut Schmidt 1918–1969. Vernunft und Leiden-
schaft, München 2003; ders., Helmut Schmidt. 1969 bis heute. Macht und
Verantwortung, Stuttgart 2008; Andreas Vogtmeier, Egon Bahr und die
deutsche Frage. Zur Entwicklung der sozialdemokratischen Ost- und
Deutschlandpolitik vom Kriegsende bis zur Vereinigung, Bonn 1996.

Der *Zusammenhang von Westbindung und Ostpolitik* wird beleuchtet
von Claudia Hiepel, Willy Brandt und Georges Pompidou. Deutsch-fran-
zösische Europapolitik zwischen Aufbruch und Krise, München 2012; Peter
Hoeres, Außenpolitik und Öffentlichkeit. Massenmedien, Meinungsfor-
schung und Arkanpolitik in den deutsch-amerikanischen Beziehungen von
Erhard bis Brandt, München 2013; Stephan Kieninger, Transformation

versus Status quo: The Survival of the Transformation Strategy during the
Nixon Years, in: Villaume/Westad (Hrsg.), Perforating, S. 101–122; Holger
Klitzing, The Nemesis of Stability. Henry A. Kissinger's Ambivalent Relation-
ship with Germany, Trier 2007; Judith Michel, Willy Brandts Amerikabild
und -politik 1933–1992, Göttingen 2010; Luca Ratti, Britain, Ost- and
Deutschlandpolitik, and the CSCE (1955–1975), Bern 2008; Matthias Schulz/
Thomas A. Schwartz (Hrsg.), The Strained Alliance. U.S.-European Relations
from Nixon to Carter, Cambridge 2010; Andreas Wilkens (Hrsg.), Wir sind
auf dem richtigen Weg. Willy Brandt und die europäische Einigung, Bonn
2010.

Einschlägig zur *sowjetischen Politik* und zu den *deutsch-sowjetischen Beziehungen* sind Julia von Dannenberg, The Foundations of Ostpolitik. The
Making of the Moscow Treaty between West Germany and the USSR,
Oxford 2008; Andrey Edemskiy, Dealing with Bonn. Leonid Brezhnev and
the Soviet Response to West German Ostpolitik, in: Fink/Schaefer (Hrsg.),
Ostpolitik, S. 15–38; Karl-Heinz Schmidt, Dialog über Deutschland. Studien
zur Deutschlandpolitik von KPdSU und SED (1960–1979), Baden-Baden
1998; John Van Oudenaren, Détente in Europe. The Soviet Union and the
West since 1953, Durham/London 1991; Vladislav Zubok, A Failed Empire.
The Soviet Union in the Cold War from Stalin to Gorbachev, Chapel Hill
2007.

Die Rolle der *DDR im Entspannungsprozess* untersuchen Oliver Bange,
Zwischen Bedrohungsperzeption und sozialistischem Selbstverständnis.
Die DDR-Staatssicherheit und westliche Transformationsstrategien 1966–
1975, in: Diedrich/Süß (Hrsg.), Militär und Staatssicherheit, S. 253–296;
Arnd Bauerkämper/Francesco Di Palma (Hrsg.), Bruderparteien jenseits des
Eisernen Vorhangs. Die Beziehungen der SED zu den kommunistischen
Parteien West- und Südeuropas (1968–1989), Berlin 2011; Anja Hanisch,
Die DDR im KSZE-Prozess 1972–1985. Zwischen Ostabhängigkeit, West-
abgrenzung und Ausreisebewegung, München 2012; Mary E. Sarotte, Dealing
with the Devil. East Germany, Détente, and Ostpolitik 1969–1973, Chapel
Hill 2001; Hermann Wentker, Außenpolitik in engen Grenzen. Die DDR
im internationalen System 1949–1989, München 2007.

Zur *Reaktion Polens auf die Ostpolitik* liegen in polnischer Sprache Mono-
graphien von Wanda Jarząbek und Krzysztof Ruchniewicz vor. Aufsätze
aus ihrer Feder in westlichen Sprachen finden sich in den oben genannten
Sammelbänden von Bange/Niedhart, Fink/Schaefer, Villaume/Westad sowie
in Friedhelm Boll/Krzysztof Ruchniewicz (Hrsg.), „Nie mehr eine Politik
über Polen hinweg". Willy Brandt und Polen, Bonn 2010. Außerdem liegen

vor: Dieter Bingen, Die Polenpolitik der Bonner Republik von Adenauer bis Kohl 1949–1991, Baden-Baden 1998; Katarzyna Stokłosa, Polen und die deutsche Ostpolitik 1945–1990, Göttingen 2011; Mieczysław Tomala, Deutschland – von Polen gesehen. Zu den deutsch-polnischen Beziehungen 1945–1991, Marburg 2000.

Die *Tschechoslowakei* ist vor allem für die Zeit des Prager Frühlings in den Blick genommen worden: Stefan Karner/Natalja Tomilina/Alexander Tschubarjan (Hrsg.), Prager Frühling. Das internationale Krisenjahr 1968, 2 Bde., Köln/Weimar 2008; Mark Kramer, The Czechoslovak Crisis and the Brezhnev Doctrine, in: Carole Fink/Philipp Gassert/Detlef Junker (Hrsg.), 1968: The World Transformed, Cambridge 1998, S. 111–171. Zum Prager Vertrag sind heranzuziehen Racko Břach, Die Bedeutung des Prager Vertrags von 1973 für die deutsche Ostpolitik, in: Hans Lemberg/Jan Křen/Dušan Kováč (Hrsg.), Im geteilten Europa. Tschechen, Slowaken und Deutsche und ihre Staaten 1948–1989, Essen 1998, S. 169–191, und Oldřich Tůma, The Difficult Path to the Establishment of Diplomatic Relations between Czechoslovakia and the Federal Republic of Germany, in: Fink/Schaefer (Hrsg.), Ostpolitik, S. 58–79.

Über die *Politik Ungarns* informieren die Arbeiten von Csaba Békés in den Sammelbänden von Bange/Niedhart, Heiss/Papacosma, Karner/Tomilina/Tschubarjan und Loth/Soutou. Weiterhin: Csaba Békés, Hungarian Foreign Policy in the Soviet Alliance System 1968–1989, in: Foreign Policy Review 3 (2004), S. 87–127; ders., Hungarian Foreign Policy in the Bipolar World 1945–1991, in: Foreign Policy Review 10 (2011), S. 65–97.

Obwohl *Rumänien* im Warschauer Pakt zu den Pionieren der Entspannungspolitik gehörte, gibt es nur wenig Literatur zu diesem Thema: Dennis Deletant/Mihail Ionescu, Romania and the Warsaw Pact: 1955–1989. Cold War International History Project, Working Paper 43/2004 (www.wilson center.org/publication/deletant-ionescu-romania-and-the-warsaw-pact); Mihail E. Ionescu, Romania Ostpolitik and the CSCE 1967–1975, in: Bange/Niedhart (Hrsg.), Helsinki, S. 129–143.

Zu *Bulgarien* liegt vor: Kostadin Grozev/Jordan Baev, Bulgaria, Balkan Diplomacy and the Road to Helsinki, in: Bange/Niedhart (Hrsg.), Helsinki, S. 160–174.

Abkürzungen

AAPD	Akten zur Auswärtigen Politik der Bundesrepublik Deutschland
ADL	Archiv des Deutschen Liberalismus, Gummersbach
AdsD	Archiv der sozialen Demokratie der Friedrich-Ebert-Stiftung, Bonn
AG	Aktiengesellschaft
AHS	Archiv Helmut Schmidt, Hamburg
AMAE	Archives du Ministère des Affaires étrangères, Centre des Archives Diplomatiques, La Courneuve, Paris
ANIC	Arhivele Nationale Istorice Centrale (Zentrales Historisches Nationalarchiv), Bukarest
ARD	Arbeitsgemeinschaft der öffentlich-rechtlichen Rundfunkanstalten der Bundesrepublik Deutschland
AVPRF	Arkhiv vneshnei politiki Rossiskoi Federatsii (Archiv für Außenpolitik der Russländischen Föderation), Moskau
BAK	Bundesarchiv, Koblenz
BRD	Bundesrepublik Deutschland
CDU	Christlich-Demokratische Union
COMECON	Council for Mutual Economic Assistance
ČSSR	Tschechoslowakische Sozialistische Republik
CSU	Christlich-Soziale Union
DDR	Deutsche Demokratische Republik
Dep.	Depositum
DGAP	Deutsche Gesellschaft für Auswärtige Politik
DzD	Dokumente zur Deutschlandpolitik
EG	Europäische Gemeinschaft(en)
ESK	Europäische Sicherheitskonferenz
FDP	Freie Demokratische Partei
FRUS	Foreign Relations of the United States
GmbH	Gesellschaft mit beschränkter Haftung
GV	Gewaltverzicht
KGB	Komitee für Staatssicherheit beim Ministerrat der UdSSR
KP	Kommunistische Partei
KPdSU	Kommunistische Partei der Sowjetunion
KSE	Konferenz für Sicherheit in Europa
KSZE	Konferenz über Sicherheit und Zusammenarbeit in Europa

KZ	Konzentrationslager
MBFR	Mutual Balanced Forces Reduction
MOL	Magyar Országs Levéltár (Ungarisches Nationalarchiv), Budapest
NARA	National Archives and Records Administration, College Park
NATO	North Atlantic Treaty Organization
NL	Nachlass
PAAA	Politisches Archiv des Auswärtigen Amts, Berlin
PHP	Parallel History Project on Cooperative Security
RG	Record Group
RGW	Rat für gegenseitige Wirtschaftshilfe
RNPL	Richard Nixon Presidential Library and Museum, Yorba Linda
SALT	Strategic Arms Limitation Talks
SAPMO	Stiftung Archiv der Parteien und Massenorganisationen der DDR im Bundesarchiv, Berlin
SBZ	Sowjetische Besatzungszone
SED	Sozialistische Einheitspartei Deutschlands
SPD	Sozialdemokratische Partei Deutschlands
TNA	The National Archives, Kew
UdSSR	Union der Sozialistischen Sowjetrepubliken
UNO	United Nations Organization
USA	United States of America
WBA	Willy Brandt Archiv im AdsD, Bonn
WP	Wahlperiode
ZK	Zentralkomitee

Zeitgeschichte im Gespräch

Band 1
Deutschland im Luftkrieg
Geschichte und Erinnerung
D. Süß (Hrsg.)
2007. 152 S. € 16,80
ISBN 978-3-486-58084-6

Band 2
Von Feldherren und Gefreiten
Zur biographischen Dimension des
Zweiten Weltkriegs
Ch. Hartmann (Hrsg.)
2008. 129 S. € 16,80
ISBN 978-3-486-58144-7

Band 3
Schleichende Entfremdung?
Deutschland und Italien nach dem
Fall der Mauer
G.E. Rusconi, Th. Schlemmer,
H. Woller (Hrsg.)
2. Aufl. 2009. 136 S. € 16,80
ISBN 978-3-486-59019-7

Band 4
Lieschen Müller wird politisch
Geschlecht, Staat und Partizipation im
20. Jahrhundert
Ch. Hikel, N. Kramer, E. Zellmer
(Hrsg.)
2009. 141 S. € 16,80
ISBN 978-3-486-58732-6

Band 5
Die Rückkehr der Arbeitslosigkeit
Die Bundesrepublik Deutschland im
europäischen Kontext 1973–1989
Th. Raithel, Th. Schlemmer (Hrsg.)
2009. 177 S. € 16,80
ISBN 978-3-486-58950-4

Band 6
Ghettorenten
Entschädigungspolitik, Rechtsprechung
und historische Forschung
J. Zarusky (Hrsg.)
2010. 131 S. € 16,80
ISBN 978-3-486-58941-2

Band 7
Hitler und England
Ein Essay zur nationalsozialistischen
Außenpolitik 1920–1940
H. Graml
2010. 124 S. € 16,80
ISBN 978-3-486-59145-3

Band 8
Soziale Ungleichheit im Sozialstaat
Die Bundesrepublik Deutschland und
Großbritannien im Vergleich
H.G. Hockerts, W. Süß (Hrsg.)
2010. 139 S. € 16,80
ISBN 978-3-486-59176-7

Band 9
Die bleiernen Jahre
Staat und Terrorismus in der
Bundesrepublik Deutschland und
Italien 1969–1982
J. Hürter, G.E. Rusconi (Hrsg.)
2010. 128 S. € 16,80
ISBN 978-3-486-59643-4

Band 10
Berlusconi an der Macht
Die Politik der italienischen Mitte-
Rechts-Regierungen in vergleichender
Perspektive
G.E. Rusconi, Th. Schlemmer,
H. Woller (Hrsg.)
2010. 164 S. € 16,80
ISBN 978-3-486-59783-7

Band 11
Der KSZE-Prozess
Vom Kalten Krieg zu einem
neuen Europa 1975–1990
H. Altrichter, H. Wentker (Hrsg.)
2011. 128 S. € 16,80
ISBN 978-3-486-59807-0

Band 12
Reform und Revolte
Politischer und gesellschaftlicher
Wandel in der Bundesrepublik
Deutschland vor und nach 1963
U. Wengst (Hrsg.)
2011. 126 S. € 16,80
ISBN 978-3-486-70404-4

Band 13
Vor dem dritten Staatsbankrott?
Der deutsche Schuldenstaat in
historischer und internationaler
Perspektive
M. Hansmann
2., durchgesehene Aufl. 2012
113 S. € 16,80
ISBN 978-3-486-71784-6

Band 14
Das letzte Urteil
Die Medien und der Demjanjuk-Prozess
R. Volk
2012. 140 S. € 16,80
ISBN 978-3-486-71698-6

Band 15
Gaddafis Libyen und die Bundes-
republik Deutschland 1969 bis 1982
T. Szatkowski
2013. 135 S. € 16,80
ISBN 978-3-486-71870-6

Band 16
„1968" – Eine Wahrnehmungs-
revolution?
Horizont-Verschiebungen des
Politischen in den 1960er und 1970er
Jahren
I. Gilcher-Holtey (Hrsg.)
2013. 138 S. € 16,80
ISBN 978-3-486-71872-0

Band 17
Die Anfänge der Gegenwart
Umbrüche in Westeuropa nach dem
Boom
M. Reitmayer, Th. Schlemmer (Hrsg.)
2014. 150 S. € 16,95
ISBN 978-3-486-71871-3